Rolf Hasse · Joachim Starbatty

Wirtschafts- und Währungsunion auf dem Prüfstand

Marktwirtschaftliche
REFORMPOLITIK
Schriftenreihe der Aktionsgemeinschaft Soziale Marktwirtschaft N. F.

Herausgegeben von

Rolf Hasse und Joachim Starbatty

Bd. 1: Wirtschafts- und Währungsunion auf dem Prüfstand

Wirtschafts- und Währungsunion auf dem Prüfstand

Schritte zur weiteren Integration Europas

Herausgegeben von

Rolf Hasse und Joachim Starbatty

mit Beiträgen von

Norbert Eickhof · Manfred Harrer · Rolf Hasse
Fritz-Heinz Himmelreich · Jan Kleinewefers
Ernst-Moritz Lipp · Rudolf Mikus · Tyll Necker
Ivan Pilip · Hermann Rappe · Peter W. Schlüter
Klaus Schmitz · Wilhelm Schönfelder
Martin Seidel · Joachim Starbatty · Werner Steuer
Norman Stone · Anton Szász · Christian Watrin

 Lucius & Lucius · Stuttgart

Die Deutsche Bibliothek – CIP-Einheitsaufnahme

Wirtschafts- und Währungsunion auf dem Prüfstand :
Schritte zur weiteren Integration Europas / hrsg. von Rolf Hasse und
Joachim Starbatty. Mit Beitr. von Norbert Eickhof ... –
Stuttgart : Lucius und Lucius 1997
   (Marktwirtschaftliche Reformpolitik ;N. F., Bd. 1)
   ISBN 3-8252-8131-0 (UTB) kart.

© Lucius & Lucius Verlagsgesellschaft mbH · Stuttgart · 1997
Gerokstraße 51 · D-70184 Stuttgart
Das Werk einschließlich aller seiner Teile ist urheberrechtlich geschützt. Jede Verwertung außerhalb der engen Grenzen des Urheberrechtsgesetzes ist ohne Zustimmung des Verlags unzulässig und strafbar. Das gilt insbesondere für Vervielfältigungen, Übersetzungen, Mikroverfilmungen und die Einspeicherung und Verarbeitung in elektronischen Systemen.

Satz: Sibylle Egger, Stuttgart
Druck und Einband: Druckhaus Thomas Müntzer, Bad Langensalza
Printed in Germany

Vorwort

Die Aktionsgemeinschaft Soziale Marktwirtschaft (ASM) – im Jahre 1953 als eine überparteiliche Vereinigung von Wissenschaftlern, Unternehmern und Privatpersonen gegründet – hat es immer als ihr Ziel angesehen, an der Verwirklichung der Sozialen Marktwirtschaft im Sinne ihrer Gründungsväter mitzuwirken. Gerade heute gilt, daß die Freiheit des Bürgers zu Meinungsäußerung und politischer Betätigung ohne ein gleiches Maß an Freiheit für sein wirtschaftliches Engagement nicht denkbar ist. Es ist in der Politik zunehmend in Vergessenheit geraten, daß Politik vornehmlich dann sozial ist, wenn sie individuelle Selbständigkeit fördert. Heute scheint Politikern vornehmlich als sozial zu gelten, den Bürgern von ihren Verdiensten möglichst viel in Form von Steuern und Sozialabgaben wegzunehmen, um es dann nach politischem Gutdünken wieder zu verteilen.

Daß die deutsche Entwicklung nach dem Krieg so erfolgreich verlief, ist nicht zuletzt Persönlichkeiten zu danken, deren geistige Vorarbeiten den Boden bereitet und deren Wirken die Umsetzung der Konzeption in erfolgreiche Politik begleitet hat. Um die Erinnerung an diese Persönlichkeiten wachzuhalten, verleiht die ASM die *Alexander-Rüstow-Plakette* für beispielhaften Einsatz um die Festigung und Weiterentwicklung der Sozialen Marktwirtschaft; in *Wilhelm-Röpke-Gesprächen* werden ordnungs-, gesellschafts- und europapolitische Themen diskutiert; in *Franz-Böhm-Vorträgen* werden Beziehungen zwischen Wirtschaft, Recht und Gesellschaft erörtert; in *Alfred Müller-Armack-Symposien* wird (jungen) Wirtschaftswissenschaftlern auch aus den Reformstaaten Mittel- und Osteuropas Gelegenheit zum wissenschaftlichen Austausch über grundsätzliche und aktuelle Fragen der Sozialen Marktwirtschaft und der Europäischen Integration gegeben.

Mit der Vorlage dieses Bandes nimmt die Aktionsgemeinschaft Soziale Marktwirtschaft eine bewährte Tradition wieder auf. Sie hat unter ihren früheren Vorsitzenden, Alexander Rüstow und Wolfgang Frickhöffer, Protokolle ihrer vielbeachteten Tagungen vorgelegt. So enthält beispielsweise das Tagungsprotokoll Nr. 33 aus dem Jahre 1969 („Konsequente Linie nach freiheitlichem Konzept") einen Vortrag des damaligen SPD-Bundeswirtschaftsministers Karl Schiller („Freiheitliche Marktwirtschaft in der Bewährung?") und Diskussionsbeiträge der Ordoliberalen Franz Böhm, Armin

Gutowski, Ernst-Joachim Mestmäcker und Christian Watrin; desweiteren einen Vortrag von Fritz Berg, seinerzeit Präsident des Bundesverbandes der Deutschen Industrie, zum Thema „Wechselkurs-Normalisierung – Außenwirtschaftliche Stetigkeit", in dem er aus eben den Gründen für stabile Wechselkurse plädierte, die seinen Nachfolger Hans-Olaf Henkel für die Währungsunion eintreten lassen, während Egon Sohmen für flexible Wechselkurse warb – aus eben den Gründen, wie sie heute von Wirtschaftswissenschaftlern gegen die Europäische Währungsunion vorgebracht werden. Wir wissen heute, daß das Festkurssystem von Bretton Woods vier Jahre nach dieser Diskussion endgültig zusammenbrach, während abzuwarten bleibt, wie lange eine Europäische Währungsunion überlebt, die wesentliche Politikparameter unter nationaler Verfügung lassen will.

Der vorliegende Band ist der Niederschlag des 3. Alfred Müller-Armack-Symposions, das vom 26.–27. Oktober 1995 in Essen abgehalten wurde. Da alle Beiträge grundsätzliche Fragen ansprechen und aktualisiert wurden, bietet der Band in konzentrierter Form wesentliche Einblicke in Kerngebiete des Europäischen Integrationsprozesses: Wirtschafts- und Währungsunion, Sozialunion und institutionelle Ausgestaltung der Europäischen Union. Die Beiträge von Watrin (entstanden aus seinem Diskussionsbeitrag auf dem 3. Alfred Müller-Armack-Symposion) und Starbatty, die sich thematisch an den Beitrag von Anton Szàsz anschließen, wurden neu in den Band aufgenommen.

Die Beiträge zur Währungsunion machen deutlich, daß es sich hier im Kern um einen Vorgang handelt, dessen ausschlaggebende Konsequenzen in erster Linie politischer Natur sind. Die entscheidende Frage hat Anton Szàsz aufgeworfen: „Können die Politiker das realisieren, worüber sie sich in Maastricht einigten – eine Währungsunion –, ohne das zu realisieren, worüber sie sich nicht einig waren – eine wirkliche Wirtschaftsunion und sogar eine politische Union?" Beherzigenswert auch das Fazit Ernst-Moritz Lipps: „Die Ordnung des Geldes ist ein nüchtern Ding. Sie erfordert einen kühlen Kopf und Kompromißlosigkeit, nicht Sentimentalität".

Bei der Thematik „Freizügigkeit im Europäischen Sozialraum" geht es vorrangig auch um den Problemkreis sozialpolitischer Mindestnormen in der EU, die – so Fritz-Heinz Himmelreich – „in keinem Fall als Vorwand genommen werden (dürfen), um die Wettbewerbsfähigkeit der weniger entwickelten Mitgliedstaaten zu behindern, wenn wir das Ziel, die wirtschaftliche und soziale Kohäsion in der Europäischen Union zu fördern, ernst nehmen und nicht nur als Lippenbekenntnis für Sonntagsreden abtun". Die Gegenposition vertritt Manfred Harrer: Die Freizügigkeit im europäischen Sozialraum stoße da an Grenzen, wo sie die sozialen Standards in den höher entwickelten Volkswirtschaften in Frage stelle.

In den Überlegungen zur „institutionellen Ausgestaltung der Europäischen Union vor Vertiefung und Erweiterung" macht Wilhelm Schönfelder deutlich, daß das institutionelle Procedere der EU – für die EWG mit sechs Mitgliedstaaten konzipiert – den Anforderungen der EU der 15 nicht mehr gewachsen sei, geschweige denn den Anforderungen einer darüberhinaus erweiterten EU; er zeigt auf, was die Regierungskonferenz noch erledigen müsse und was dem an nationalen Interessen entgegenstehe. Für Ivan Pilip, als Vertreter eines beitrittswilligen Landes, ist eine immer stärker wohlfahrtsstaatlich ausgerichtete Union nicht attraktiv. Reformen auf diesen Gebieten sind aber von den politisch Verantwortlichen ernsthaft noch nicht angedacht, geschweige denn in die Wege geleitet worden.

Für Tyll Necker hat „das kleine Europa die Welt bewegt, weil auf engstem Raum über Jahrhunderte im Wettbewerb der Ideen große kulturelle, technische und wissenschaftliche Errungenschaften entstanden sind. In Europa wurde die Idee der persönlichen Freiheit, des Respekts vor dem Individuum und der Einforderung der Menschenrechte auch gegen Staat und Kollektiv, geboren. Auch heute braucht Europa vor allem mehr Wettbewerb und Vielfalt statt bürokratischer Einfalt. Das 'Ob' einer europäischen Gemeinschaft steht in Deutschland praktisch nicht mehr zur Disposition. Aber um das 'Wie' muß immer wieder gerungen werden".

An diesen Linien orientieren sich auch die von der Aktionsgemeinschaft Soziale Marktwirtschaft vorgelegten „Überlegungen und Empfehlungen zur Währungsunion".

Wir danken zum Schluß sehr herzlich Herrn Dr. Gerhard Schmidt, Vorsitzender der Heinz Nixdorf Stiftung. Sein Rat hat das 3. Alfred Müller-Armack-Symposion geprägt, seine finanzielle Hilfe hat es möglich gemacht.

Rolf Hasse, Hamburg   Joachim Starbatty, Tübingen

Im Mai 1997

Inhaltsverzeichnis

Vorwort   V

I. Wirtschafts- und Währungsunion

Fünfzehn souveräne Staaten – eine Geldpolitik?
Anton Szász   3

Statements
Peter W. Schlüter   11
Ernst-Moritz Lipp   19

Diskussionsbeiträge
Martin Seidel   25
Werner Steuer   27
Rudolf Mikus   28

Währungsunion und supranationale Staatlichkeit
Christian Watrin   31

Die politische Dimension des EURO – Zehn Thesen
Joachim Starbatty   41

II. Sozialunion

Freizügigkeit im Europäischen Sozialraum
Fritz-Heinz Himmelreich   67

Statement
Manfred Harrer   77

Diskussionsbeiträge
Klaus Schmitz   85
Norbert Eickhof   86

III. Regierungskonferenz

Die institutionelle Ausgestaltung der Europäischen Union
vor Vertiefung und Erweiterung
Wilhelm Schönfelder 91

Statement
Ivan Pilip 101

Diskussionsbeiträge
Hermann Rappe 105
Jan Kleinewefers 106
Norman Stone 108

IV. Europa – Vielfalt statt bürokratischer Einfalt
Tyll Necker 113

V. Überlegungen und Empfehlungen zur Währungsunion
Rolf Hasse, Joachim Starbatty 121

Autorenverzeichnis 131

I Wirtschafts- und Währungsunion

Fünfzehn souveräne Staaten – eine Geldpolitik?

Anton Szász, Amsterdam

Das Thema ist zugleich eine Frage. Die Frage lautet: Können die Politiker das realisieren, worüber sie sich in Maastricht einigten – eine Währungsunion –, ohne das zu realisieren, worüber sie sich nicht einig waren – eine wirkliche Wirtschaftsunion und sogar eine politische Union? Und wenn das nicht realisiert wird (und ich glaube, daß das nicht realisiert wird): Was bedeutet das für die weitere europäische Integration?

Der Vertrag von Maastricht beinhaltet eine Währungsunion, also eine einzige Währung, eine Währungspolitik – konzipiert und ausgeführt von einer gemeinsamen europäischen Zentralbank. Der Vertrag von Maastricht beinhaltet auch eine Wirtschaftsunion, die aber keine gemeinsame Politik voraussetzt; vielmehr sind die Mitgliedstaaten souverän. Sie verpflichteten sich jedoch zu

– einer Koordination der Wirtschaftspolitiken,
– einem Verzicht auf übermäßige Defizite in ihren nationalen Staatshaushalten.

Anders gesagt: Die Mitgliedstaaten verpflichten sich, in Zukunft das zu tun, was sie in der Vergangenheit längst hätten tun sollen, aber nicht taten. Was würde passieren, wenn sie dies auch in Zukunft nicht täten? Die Währungsunion würde nicht Stand halten, weil die gemeinsame Währungspolitik überfordert wäre. Es würde das geschehen, was in Deutschland nach der Wiedervereinigung geschah, jedoch mit dem Unterschied, daß es in Deutschland einen Konsens über die Notwendigkeit einer antiinflationären Währungspolitik gab – durchgesetzt von einer unabhängigen Zentralbank. In der Europäischen Währungsunion wird es diesen Konsens zu Beginn, zumindest in diesem Umfang, nicht geben. Und eine eigenständige, unabhängige Zentralbank kann nur dann funktionieren, wenn ihre Politik eine ausreichende Basis hat. Das heißt, es muß Sicherheit darüber geben, daß die Mitgliedstaaten ihren Verpflichtungen nachkommen. Es muß, wenn notwendig, möglich sein, dies zu erzwingen. Ohne Erzwingbarkeit keine Dauerhaftigkeit. Es wurde zunehmend akzeptiert, daß der Vertrag von Maastricht in dieser Hinsicht nicht ausreicht. Dies ist das erste Ungleichgewicht zwischen Währungsunion und Wirtschaftsunion.

Daneben gibt es ein zweites Ungleichgewicht – das zwischen einer Währungsunion und einer politischen Union:

- Es gibt kein Beispiel für eine Währungsunion ungefähr gleich großer Staaten, die nicht auf einer gewissen politischen Einheit beruht oder beruht hätte; darauf weisen die Vertreter der Deutschen Bundesbank immer wieder hin.
- Die politische Entscheidung zur Schaffung einer Europäischen Währungsunion und die entsprechenden Bestimmungen des Maastricht-Vertrages sind eine deutsche Konzession: Deutschland gibt eine dominierende Position auf. Selbstverständlich ist Deutschland dazu nur im Rahmen einer breiteren politischen Integration bereit.

Zum ersten Ungleichgewicht zwischen Wirtschafts- und Währungsunion:

- Es gibt Vorschäge, die Kriterien des Art. 109j zu verschärfen.
- Demgegenüber gibt es Vorschläge – neuerdings auch in Deutschland –, die diese Kriterien aufweichen wollen.

Meines Erachtens ist weder das eine noch das andere richtig. Über jedes Kriterium kann man diskutieren, aber für mich steht fest, daß

- ohne Beherrschung der öffentlichen Finanzen eine dauerhafte Währungsunion nicht gesichert ist,
- ohne quantitative Kriterien, welche auch immer das sein mögen, es politisch schwierig ist, die öffentlichen Finanzen in den Griff zu bekommen.

Die Frage ist nicht, ob man die vereinbarten Kriterien ändern soll, sondern wie man ihre Einhaltung erzwingen kann, vor allem auch nach Beginn der dritten Stufe. Für das Ungleichgewicht zwischen Wirtschafts- und Währungsunion bedeutet das, daß die Erzwingbarkeit verstärkt werden muß. Die Bundesbank stand schon früher auf diesem Standpunkt, und jetzt stimmt ihr die Bundesregierung zu.

Wie man sich das im einzelnen vorstellt, weiß ich nicht. Man ist sich einig, daß dazu der Vertrag nicht geändert werden soll, weil man dann diese Frage auf der laufenden Regierungskonferenz erörtern müßte. Die Vermutung liegt nahe, daß nicht die Erzwingbarkeit verstärkt, sondern die Verpflichtungen geschwächt würden. Diese Befürchtung deutet nicht auf großes Vertrauen hin, obwohl man sich der Notwendigkeit der Sache – Haushaltsdisziplin – bewußt ist. Aber realistisch ist die Befürchtung schon. Daraus resultiert folgende Frage:

- Kann diese Angelegenheit informell geregelt werden?
- Würde es auf Dauer genügen, die Erzwingbarkeit bestehender Verpflichtungen zu stärken?

Lamfalussy sagte dazu am 29. September 1995 in Köln: „Ich sehe daher die – von mir schon in einem Anhang zum Delors-Bericht aus dem Jahre 1989 beschriebene – Notwendigkeit, auf die Dauer die Koordinierung der Finanzpolitik der Mitgliedstaaten zu institutionalisieren." Das würde weiter gehen, als die Erzwingbarkeit der bestehenden Verpflichtungen zu stärken. Wenn das wirklich notwendig ist, dann muß man sich fragen, ob eine solche Regelung später – wenn die Währungsunion begonnen hat – leichter getroffen werden kann als jetzt.

Das zweite Ungleichgewicht kann nur aufgehoben werden, wenn man bereit ist, notwendige Schritte in Richtung Europäische Union zu tun. Bundeskanzler Kohl hat kürzlich noch einmal – vielleicht deutlicher als früher – durchblicken lassen, daß eine politische Union ohne Währungsunion zwar nicht zu erwarten sei – deswegen plädiert er für die Währungsunion –, daß aber ohne Aussicht auf die politische Union die Währungsunion auch nicht komme. (Er meint wohl, er könne das sonst zu Hause nicht „verkaufen")
Die Regierungen haben erklärt, daß sie am festgelegten Zeitpunkt, d. h. Anfang der 3. Stufe am 1. Januar 1999, festhalten. Aber das ist nur zu erwarten, wenn es bis dahin eine reale Aussicht gibt, daß diese zwei Ungleichgewichte aufgehoben werden. Wie wahrscheinlich ist das? Das hängt davon ab, wie stark die Motive für die Europäische Wirtschafts- und Währungsunion (WWU) sind. Welches sind die Motive? Warum will man eigentlich die Währungsunion? Es gibt sowohl wirtschaftliche als auch politische Motive.

Zu den wirtschaftlichen Motiven gehören:
- Wegfall von Informations- und Transaktionskosten;
- Das Binnenmarktargument: Es wird immer erwähnt, daß ohne eine Gemeinschaftswährung der Binnenmarkt gefährdet sei. Dies wurde früher auch von der Agrarpolitik gesagt. Überzeugender wäre zu sagen, daß die Vorteile des Binnemarkts nur dann voll ausgenutzt werden, wenn neben anderen Hemmnissen auch die Wechselkursunsicherheit wegfiele.
- Alternative: D-Mark-Block, Währungsturbulenzen.

Zu den politischen Motiven gehören:
- Für die Währungsunion: Frankreichs Abhängigkeit von der Bundesbank,
- Für die europäische Einigung allgemein:
  - europäisches Ungleichgewicht: Viele innere und äußere Probleme lassen sich nur zusammen lösen,
  - Deutschlands Rolle als Großmacht europäisch einbinden,
  - Zentraleuropa: Die Ausweitung der EU ist für die politische Stabilität in Europa notwendig, aber Vertiefung gilt als Voraussetzung für Ausweitung (das Schäuble/Lamers-Papier der CDU/CSU-Bundestagsfraktion vom September 1994).

Die wirtschaftlichen Vorteile einer Währungsunion kann man nicht ignorieren. Aber sie sind doch so allgemein, so unbestimmt, so langfristig, und die Kosten sind finanziell und politisch so hoch und so konkret, daß ich nicht glaube, daß die wirtschaftlichen Vorteile ausschlaggebend sein können. Die politischen Motive könnten schon als ausschlaggebend gelten, aber sie beziehen sich nicht auf die Währungsunion allein, sondern nur auf die Währungsunion als Teil (wie wichtig auch immer) eines größeren Ganzen. Voraussichtlich bedeutet das, daß die 3. Stufe am 1. Januar 1999 nur dann mit solchen Staaten beginnen kann, die

- im Stande sind, den existierenden wirtschaftlichen Verpflichtungen nachkommen zu können und
- bereit sind, neue Verpflichtungen zu akzeptieren, und zwar sowohl im wirtschaftlichen Bereich (Verstärkung der Erzwingbarkeit) als auch im politischen Bereich.

Welche Staaten braucht man, um anfangen zu können? Der Bundesfinanzminister ist vor kurzem kritisiert worden, weil er gesagt haben soll, daß die

Staaten, die ihre Verpflichtungen nicht erfüllen, nicht an der WWU teilnehmen können und dabei auch ein Land namentlich genannt haben soll. Solche Äußerungen, so die Kritik, erzeugen Unsicherheit über die WWU und sie demotivieren die Regierungen der in Frage kommenden Länder. Ich bin mir da nicht so sicher. Viel schlimmer wäre es, wenn man ein Land in der Illusion ließe, die notwendigen Maßnahmen könnten ruhig noch weiter verschoben werden, man würde einem Gründerstaat der EWG den Zutritt zur WWU letztlich nicht verweigern können. Ist es im Interesse aller nicht besser, deutlich Klärung zu schaffen, solange die Länder, die ihre Verpflichtungen noch nicht erfüllen, noch Zeit haben, die notwendigen Maßnahmen zu treffen? 1998 wäre es dazu zu spät!

Auch die Bundesbank wird kritisiert; so vor kurzem – und nicht zum ersten Mal – vom ehemaligen Bundeskanzler Helmut Schmidt. Sie gefährde mit ihren Warnungen die Währungsunion, weil sie nicht wolle, daß ihre Zuständigkeiten beschnitten werden. Die Schaffung der Währungsunion ist in erster Hinsicht eine eminent außenpolitische Aufgabe, so Schmidt, und eine politische Union brauche man dazu nicht, jedenfalls nicht gleich.[1]

Bis zu einem gewissen Punkt ist es im Währungsbereich möglich, vielleicht sogar unvermeidlich, anzufangen, und die strittigen Fragen offen zu lassen. So wurde dies bereits beim EWS 1979 gemacht:

- Die wirtschaftliche Konvergenz wurde als unverzichtbar erklärt, aber wie sie zu sichern sei, blieb offen. Folglich ist das EWS 1983 fast und 1993 tatsächlich gescheitert;
- der ECU sollte eine zentrale Stelle innehaben, aber die Konkretisierung blieb offen; das schuf später viel Ärger;
- innerhalb von zwei Jahren sollte ein neuer Europäischer Währungsfonds geschaffen werden, aber seine Rolle und Position blieben offen. Der Fonds kam nie zustande.

Das war damals vielleicht unvermeidlich. Nur so konnte Frankreich mitmachen, nachdem es die Schlange zweimal hatte verlassen müssen. Aber eine Währungsunion kann man so nicht schaffen. Da braucht man mehr Sicherheit. Sonst wäre das Risiko des Scheiterns groß, und Scheitern wäre schlimmer, als nicht anzufangen.

Welche Staaten braucht man, um anfangen zu können? Es scheint mir klar, daß neben Deutschland unbedingt Frankreich dazugehören muß. Es scheint

---

[1] DIE ZEIT vom 29. September 1995

mir ebenso klar, daß diese zwei nicht genügen werden, um eine Europäische Währungsunion zu schaffen. Ein Minimum an Teilnehmern, eine kritische Masse, braucht man dazu schon. Wenn man dazu England bräuchte, wäre es fast sicher, es würde nicht mitmachen. Wenn England mitmacht, dann nur, weil die Währungsunion auch ohne England beginnen könnte. In dieser Hinsicht waren unsere englischen Freunde immer konsequent.

Ein Gedanke ist öfters geäußert worden: Man könne mit mehreren Gruppen für verschiedene Zwecke anfangen: eine Gruppe für die WWU, eine Gruppe für die Außen- und Sicherheitspolitik usw. Der frühere französische Premierminister Balladur hat das vorgeschlagen. Er wollte aber keinen europäischen Kern. Kern sollte vielmehr die französisch-deutsche Achse sein, die an allen Gruppen beteiligt und die weiter institutionalisiert wird.

Ich bezweifele aus mehreren Gründen, daß sich diese Möglichkeit realisieren läßt:

1. Ich glaube wie die Bundesbank, daß eine gemeinschaftliche Währung nur dann dauerhaft sein kann, wenn sie eine ausreichende politische Basis hat. Dies geht über die Budget- und Wirtschaftspolitik hinaus.
2. Es scheint mir, daß die Zusammenarbeit außerhalb der Währungspolitik über das rein Interstaatliche hinausgehen muß. Wenn ein Land wie England dazu im Währungsbereich nicht bereit ist, wird es das in Fragen der Außen- und Sicherheitspolitik wahrscheinlich noch weniger sein.

Ich möchte mich daher denen anschließen, die der Meinung sind, daß die dritte Stufe Ende dieses Jahrhunderts mit den Staaten beginnen sollte, die imstande sind, alle jetzt existierenden wirtschaftlichen Verpflichtungen zu verwirklichen, und die bereit sind, zusätzliche politische Verpflichtungen auf sich zu nehmen. Diese Staaten bilden die Kerngruppe. Sie soll offen sein für alle zutrittswilligen Länder und möglichst eng zusammenarbeiten mit den Ländern, die nicht oder noch nicht beitreten können.

Wenn die europäische Einigung eine fundamentale Schwäche hat, dann ist es diese: Bis jetzt ist es den Politikern noch nicht gelungen, der Bevölkerung überzeugend deutlich zu machen:

– warum sie notwendig ist,
– was sie enthält bzw. was sie nicht enthält.

Die ausschlaggebenden Motive sind politischer Natur, nicht wirtschaftlicher. Sie gelten der WWU, aber nur in einem Rahmen, der mehr umfaßt. Dieses Mehr ist nicht der europäische Superstaat, den wenige wünschen und an den noch weniger glauben. Deswegen hege ich Zweifel, ob Floskeln wie „This treaty marks a new stage in the process of creating an ever closer union" sehr hilfreich sind. Auch Worte wie „föderal" oder „federal", die in Deutschland das Gegenteil bedeuten von dem, was sie anderswo bedeuten, sind nicht hilfreich. Politische Union bedeutet, daß in gewissen Bereichen – und mit „gewissen" meine ich auch, daß wir genau wissen müssen, welche – auf europäischer Ebene entschieden wird.

Der Entscheidungsprozeß wird vermutlich eine Mischform zwischen innerstaatlicher und gemeinschaftlicher Zusammenarbeit sein. Sie muß kein Vetorecht enthalten; aber sie darf auch nicht Mitgliedstaaten zu Dingen zwingen, die deren Bevölkerung ablehnt. Dies alles transparent zu machen, ist die Aufgabe der zweiten Regierungskonferenz, aber auch all derer, die an diesen Dingen interessiert sind.

Und es ist notwendig deutlich zu machen, welches die Alternativen sind: Was in Europa passiert, wenn alles nicht gelingt. Dabei glaube ich, der Bundeskanzler hat recht, wenn er sagt, es sei nicht so sicher, daß man, wenn es jetzt nicht gelinge, es später immer noch probieren könne.

Schlußfolgerung

Je näher das Datum 1. Januar 1999 rückt, desto deutlicher ist erkennbar, ob genügend Staaten voraussichtlich die Bedingungen erfüllen, aber auch, wie erheblich der Widerstand in Deutschland ist, die eigene Währung aufzugeben. Die Mitgliedstaaten stehen vor einem Dilemma:

- Anzufangen, ohne daß die Bedingungen überzeugend erfüllt sind, enthält ein erhebliches Risiko des Scheiterns. Bei den Bedingungen handelt es sich
  - sowohl um die verabredeten wirtschaftlichen Konvergenzbedingungen als auch
  - um die notwendigen zusätzlichen, z. T. politischen Bedingungen.
- Nicht anzufangen zum verabredeten, kürzlich nochmals bestätigten

Zeitpunkt, enthält ein nicht weniger großes Risiko:
- wenn einmal die Glaubwürdigkeit zu schwinden anfängt, wird das bald ein unumkehrbarer Prozeß;
- ist einmal das „window of opportunity" geschlossen, dann weiß niemand, ob und wann die Gelegenheit zurückkommt;
- eine Erweiterung wird es dann nicht geben.

Die Folgen wird man dann nicht nur an den Märkten spüren, sie sind in noch stärkerem Maß politischer Natur.

Gibt es aus diesem Dilemma einen Ausweg? Ich glaube ja! Man muß rechtzeitig deutlich machen, solange es nicht für notwendige Maßnahmen zu spät ist:

- Warum man die WWU will; und dabei handelt es sich im wesentlichen um politische Gründe;
- was die WWU enthält, und zwar nicht nur auf wirtschafts- und währungspolitischem Gebiet, sondern auch auf politischem Gebiet;
- was die Alternativen sind: keine Vertiefung, keine Erweiterung; die Europäische Union bleibt nicht so, wie sie jetzt ist.

All das müssen die Politiker den Wählern erklären. Nur wenn die Politiker genug Vertrauen in die Wähler haben, können sie bei den Wählern Vertrauen in ihre Politik erwarten.

Peter-Wilhelm Schlüter

Statement

I.

Der 1. Januar 1999 ist das derzeit wahrscheinlichste Datum, zu dem die Europäische Wirtschafts- und Währungsunion, wie im Vertrag von Maastricht vorgesehen, in Kraft treten wird. In den zuständigen Institutionen und auf allen Ebenen sind die Vorbereitungen hierauf in vollem Gange. Breiten Raum nimmt dabei das Europäische Zentralbanksystem ein, dem die alleinige Verantwortung für die gemeinsame Geldpolitik übertragen werden soll. Das Symposium greift zu Recht die zentrale Frage nach der Transformation der nationalen Geldpolitik in eine europäische Geldpolitik auf. In der Formulierung des vorgegebenen Themas schwingt freilich bereits Skepsis mit: „Fünfzehn **souveräne** Staaten – eine Geldpolitik?" Bevor ich hierauf näher eingehe, seien mir Gegenfragen erlaubt: Wird eine besondere Problematik darin gesehen, daß 15 europäische Staaten ihre Souveränität aufgeben müssen, wenn sie sich zur Währungsunion zusammenschließen? Wie weit reicht diese Souveränität eigentlich noch angesichts der engen Verflechtung dieser Staaten im europäischen Integrationsprozeß? Haben diese Staaten nicht schon wesentliche Teile ihrer Souveränität bereits mit der Zugehörigkeit zum Gemeinsamen Markt aufgegeben, de jure z. B. mit dem Verzicht auf Kapitalverkehrsrestriktionen und de facto mit der Mitgliedschaft im Europäischen Währungssystem, das ja die Entwicklung zur WWU maßgeblich gefördert hat? In diesem Zusammenhang ist es nicht uninteressant, sich daran zu erinnern, daß auch Mrs. Thatcher mit der Einheitlichen Europäischen Akte dem Gemeinsamen Markt zugestimmt hat. Im übrigen könnte man durchaus auch einen Zuwachs an Souveränität darin sehen, daß Deutschland, die Niederlande und Österreich ihre Stabilitätskultur dauerhaft in eine Europäische Währungsunion einbringen.

Zurück zum Thema: Welche Fragen stellen sich und welche Lösungsansätze gibt es für den Übergang der nationalen Geldpolitiken zu einer einheitlichen europäischen Geldpolitik? Der Vertrag von Maastricht enthält dazu inhaltliche und prozedurale Vorgaben:

- Die inhaltlichen Vorgaben umfassen die Ziele, Aufgaben und Operationen der Geld- und Währungspolitik, wie sie im Vertrag und in der Satzung des Europäischen Zentralbanksystems (ESZB) niedergelegt sind.
- Zum Verfahren schreibt der Maastricht-Vertrag dem Europäischen Währungsinstitut (EWI) vor, in regulatorischer, organisatorischer und logistischer Hinsicht den Rahmen festzulegen, den das ESZB zur Erfüllung seiner Aufgaben benötigt. Der Rat der Europäischen Zentralbank (EZB) entscheidet unmittelbar nach seiner Einsetzung – spätestens Mitte 1998 – darüber, ob und wieweit er diesen Rahmen übernimmt. Der Vertrag sieht darüber hinaus vor, daß das EWI alljährlich einen Bericht über den Stand der Vorbereitung der dritten Stufe vorlegt und dabei zum einen die Konvergenzfortschritte bewertet und zum anderen über die Anpassung der geldpolitischen Instrumente und die sonstigen Vorarbeiten zur Errichtung des ESZB berichtet.[1]

Bei der inhaltlichen Ausgestaltung des Europäischen Zentralbanksystems und des Rahmens für seine Geld- und Währungspolitik geht es vor allem um zwei Komplexe:

- Zum einen um die ordnungspolitischen Grundlagen in bezug auf die Zielvorgaben und das institutionelle Bezugssystem der EZB,
- zum anderen um die operationelle Ausgestaltung in bezug auf die Strategie der Geld- und Währungspolitik, deren Instrumente, die äußere Währungspolitik und den Zahlungsverkehr.

II.

Von ordnungspolitisch zentraler Bedeutung ist der vorrangige Auftrag des Maastricht-Vertrages an das ESZB, die Preisstabilität zu gewährleisten. Das Zentralbanksystem muß sie im Konfliktfall notfalls auch gegen die allgemeine Wirtschaftspolitik der Gemeinschaft durchsetzen.

---

[1] Einen solchen Bericht hat das EWI Mitte November 1995 vorgelegt.

Der Vertrag verpflichtet das ESZB weiterhin, im Einklang mit dem Grundsatz einer offenen Marktwirtschaft mit freiem Wettbewerb zu handeln. Dies heißt zum einen, daß die Europäische Zentralbank nicht unter dem Deckmantel der Geldpolitik Strukturpolitik betreiben sollte. Zum anderen ist darunter zu verstehen, daß die Geldpolitik so marktnah wie möglich betrieben wird.

Schließlich zieht der Vertrag einen klaren Trennstrich zwischen den Bereichen der monetären und der fiskalischen Verantwortung, was ich gleichfalls als ordnungspolitische Weichenstellung bewerte. Dazu zählt zum einen die Unabhängigkeit der EZB und der nationalen Zentralbanken, die dem ESZB als integrale Bestandteile angehören. Sie ist im Laufe der Stufe Zwei herzustellen und umfaßt die

- institutionelle Unabhängigkeit der geldpolitischen Entscheidungsgremien,
- die funktionale Unabhängigkeit bei der Umsetzung der europäischen Geldpolitik und
- die finanzielle Unabhängigkeit von staatlichen oder privaten Stellen.

Einige Zentralbanken erfüllen diese Voraussetzungen noch nicht völlig. Zum anderen waren die Mitgliedstaaten gehalten, bereits vor Inkrafttreten der Stufe Zwei die Möglichkeiten der Notenbankfinanzierung öffentlicher Haushaltsdefizite sowie des privilegierten Zugangs der öffentlichen Hand zu den Finanzinstituten abzuschaffen. Die Zentralbanken sind den letztgenannten Vertragsverpflichtungen nachgekommen.

III.

Über die konzeptionelle Ausrichtung und instrumentelle Umsetzung der Geld- und Währungspolitik der ESZB enthält der Maastrichter Vertrag nur wenig spezifische Vorgaben. Er überläßt es dem EWI, geeignete Lösungen zu erarbeiten, die das ESZB in die Lage versetzen, seine Aufgaben in vollem Umfang zu erfüllen. Das EWI hat zunächst intensive Bestandsaufnahmen gemacht und Lösungsmöglichkeiten entwickelt, seine Arbeit aber noch nicht abgeschlossen. Bei seinen Untersuchungen hat es sich vornehmlich den Fragen zugewandt, die – wie etwa die Prüfung der Instrumente und Verfahren – längere Zeit benötigen. Dabei wurden die möglichen Erfordernisse der in Frage kommenden geldpolitischen Strategien berücksichtigt, um sicherzustellen, daß der dem ESZB zur Verfügung gestellte Handlungsrahmen mit alternativen geldpolitischen Strategien kompatibel ist.

Das Schlüsselproblem bei der Entscheidung über die monetäre Strategie liegt darin, daß die auf Beherrschung der Inflation gerichteten geldpolitischen Maßnahmen nur indirekt wirken und Zeit benötigen, um wirksam zu sein. Da der aktuelle Stand der Inflation keinen alleinigen Anhaltspunkt für die Angemessenheit der Geldpolitik gibt, muß sich die Zentralbank Anhaltspunkte für die künftige Inflationsentwicklung verschaffen.

In der bisherigen Diskussion haben drei verschiedene Strategien eine Rolle gespielt:

- Ein Wechselkursziel, wie es vorzugsweise kleinere Länder verwenden, wird für die Währungsunion als Ganzes nicht als angebracht angesehen. Dagegen werden die Strategien der Geldmengensteuerung und des Inflationszieles in Erwägung gezogen, die in einer gewissen Konkurrenz zueinander stehen.
- Dem Geldmengenkonzept liegt die Idee zugrunde, daß die Inflation langfristig ein monetäres Phänomen ist und über die Kontrolle des Geldmengenwachstums Preisstabilität erzielt werden kann. Voraussetzung für die Verwendbarkeit dieser Strategie ist eine stabile, zumindest vorhersehbare Beziehung zwischen dem Wachstum der Geldmenge und der Inflation.
- Die Strategie direkter Inflationsziele geht von der Möglichkeit der direkten Einwirkung auf die erwartete Inflation aus, was natürlich eine entsprechende Vielfalt von Meßindikatoren voraussetzt.

Untersuchungen haben ergeben, daß sich Zentralbanken mit verschiedenen Strategien durchaus ähnlich verhalten. Darüber hinaus ist nicht auszuschließen, daß sich das Verhalten der Wirtschaftsteilnehmer beim Übergang zur Stufe Drei nicht unerheblich ändert. Generell bedarf die Analyse der geldpolitischen Strategien noch eingehender Untersuchungen, vor allem in bezug auf den Transmissionsmechanismus und den Informationsgehalt verschiedener monetärer Variablen in der Währungsunion. Das EWI hat sich diesen Fragen seit 1996 verstärkt zugewandt.

Im Bereich der währungspolitischen Instrumente und Verfahren haben sich während der vergangenen Jahre in den Mitgliedsländern Entwicklungen vollzogen, die den Fortschritt der Konvergenz in der Gemeinschaft unterstreichen. Dabei haben insbesondere Offenmarktgeschäfte bei den Zentralbankoperationen sowie Transaktionen mit Rückkaufsvereinbarung an Bedeutung gewonnen. Auch im Bereich des Mindestreserveinstruments lassen sich Annäherungen feststellen. So haben die Ermäßigungen der Mindestreservesätze in einigen Ländern den Trend zur Angleichung der Sätze in der Gemeinschaft fortgesetzt.

Folgende Leitlinien lassen sich für die Auswahl geldpolitischer Instrumente ausmachen:

— Das ESZB benötigt wirksame Instrumente und Verfahren, um seine Ziele unter Kontrolle zu halten. Die währungspolitischen Signale müssen im Gebiet der Währungsunion einheitlich und konsistent sein. Die gleichen Anforderungen gelten für die Umsetzung der Geldpolitik. Auf diese Weise kann das ESZB die Geldmarktsätze steuern und sicherstellen, daß sich Schwankungen im gewünschten Rahmen halten. Der operationelle Rahmen der Geldpolitik sollte das ESZB befähigen, Refinanzierung zu ermöglichen, Liquidität zu absorbieren und die Positionen des Bankensystems gegenüber der Zentralbank zu beeinflussen.
— Das geldpolitische Instrumentarium muß — wie erwähnt — Marktprinzipien gehorchen.
— Das ESZB muß alle Gruppen von Finanzinstituten in gleicher Weise behandeln.
— Instrumente und Verfahren müssen einfach und transparent sein.
— Die Geldpolitik sollte weitgehend dezentral umgesetzt werden, um die bewährte Infrastruktur der nationalen Zentralbanken zu nutzen und um Anpassungskosten und Übergangsprobleme beim Start so gering wie möglich zu halten. Die einheitliche Geldpolitik ist nur vorstellbar, wenn der Zinssatz am Interbankenmarkt in der gesamten Währungsunion einheitlich ist. Dies ist nur dann gesichert, wenn die Entscheidungen über den Einsatz der geldpolitischen Instrumente — insbesondere Zinspolitik bei Offenmarktoperationen und dauerhafte Finanzierungsfazilitäten — zentral getroffen werden. Die nationalen Zentralbanken wirken innerhalb des Systems bei der Umsetzung der Geldpolitik mit.

Neben den genannten Prinzipien spielen andere Faktoren eine Rolle, etwa die Unterschiede bei den Finanzmarktstrukturen in den verschiedenen Ländern, die sich zudem unter dem Einfluß von Deregulierungen, Innovationen und Globalisierung und nicht zuletzt der Vollendung des Gemeinsamen Marktes im Umbruch befinden. Die Beachtung der genannten Prinzipien sollte dazu beitragen, daß die Ausgestaltung des geldpolitischen Rahmens die Entwicklung bestimmter Marktstrukturen nicht begünstigt.

Insgesamt lassen sich drei hauptsächliche Kategorien von Instrumenten unterscheiden, die sich für das geldpolitische Rahmenwerk des ESZB anbieten:

- Zum einen das Mindestreserveinstrument, das vor allem dazu dient, die Nachfrage der Banken nach Reserven auszuweiten sowie die kurzfristigen Zinssätze zu stabilisieren. Die Entscheidung über die Verwendung dieses Instruments wird im Zusammenhang mit der Festlegung des gesamten monetären Rahmenwerks zu treffen sein.
- Zum anderen ist die Offenmarktpolitik zu nennen, die in den meisten EU-Ländern eine entscheidende Rolle in der Geldpolitik spielt. Es besteht weitgehend Einvernehmen, daß dieses flexible Instrument einen besonderen Platz bei der Steuerung der Geldmarktzinsen einnehmen wird.
- Auch dürften dauerhafte Fazilitäten, die fast alle Zentralbanken vorsehen, eine wichtige Rolle in der europäischen Geldpolitik spielen. Diese Fazilitäten, deren Inanspruchnahme im Ermessen der Geschäftspartner der Zentralbanken liegt, sollten aus einer Kreditlinie zur Spitzenrefinanzierung und einer Einlagenfazilität bestehen.

Das EWI wird die Prüfung des monetären Rahmenwerks intensiv fortsetzen und Blaupausen entwerfen, über die der EZB-Rat dann zu gegebener Zeit entscheiden kann.

Nach Beginn der Stufe Drei wird das ESZB auch Devisenmarktoperationen durchführen sowie die offiziellen Währungsreserven der Teilnehmerländer halten und einsetzen. Das EWI erarbeitet derzeit das Rahmenwerk hierfür sowie Richtlinien für den Einsatz jener Währungsreserven, die nicht auf das ESZB übertragen werden. Für die Ausgestaltung des Rahmenwerks stehen zwei Optionen zur Verfügung:

- eine zentrale Form, bei der die Devisenmarktoperationen ausschließlich von der EZB durchgeführt werden;
- eine dezentrale Form, bei der die beteiligten nationalen Zentralbanken Interventionen nach den Vorgaben der EZB vornehmen.

In jedem Fall bliebe die EZB letztverantwortlich für devisenmarktpolitische Entscheidungen. Außerdem würden Marktteilnehmer aus allen Mitgliedstaaten ebenso wie aus Drittländern an den Operationen teilnehmen können.

Die Bildung einer Währungsunion, an der zunächst nicht alle EU-Länder teilnehmen, darf nicht dazu führen, daß zwischen den Währungsunions- und den restlichen Ländern instabile Währungsbeziehungen auftreten, die sich nachteilig auf die Handelsströme auswirken könnten. Aus diesem Grunde muß der Binnenmarkt der Europäischen Union weiterhin durch eine enge Währungskooperation gesichert bleiben. Dazu trägt ein Währungssystem bei, das sich an das bisherige Europäische Währungssystem anlehnt, ohne die Schwächen dieses Systems zu übernehmen.

Die Umsetzung der einheitlichen Geldpolitik stellt hohe Anforderungen an den Zahlungsverkehr in der Union. Mit Beginn der Stufe Drei müssen Zahlungsverkehrsfazilitäten verfügbar sein, die gewährleisten, daß die Transaktionen zügig und sicher abgewickelt werden. Dies ist insbesondere im Hinblick auf das gute Funktionieren des integrierten Geldmarktes notwendig, in dem Zinsarbitragemöglichkeiten bestehen, durch die sich die einheitliche Geldpolitik in der gesamten Union durchsetzen kann.

Zu dem wichtigsten Vorhaben im Bereich des Zahlungsverkehrs gehört ein Transeuropäisches Automations-Echtzeit-Brutto-Überweisungssystem (TARGET), das im wesentlichen aus einem Echtzeit-Bruttoausgleichssystem (RTGS) jener Länder besteht, die die einheitliche Währung zu Beginn der Stufe Drei der WWU einführen. TARGET wird Zahlungsverkehrsdienste anbieten, die eine unverzügliche Abwicklung aller Zahlungsaufträge wie auf nationaler Ebene erlauben. Dies ist für die wirksame Durchführung geldpolitischer Maßnahmen des ESZB unerläßlich.

Schließlich sollten die statistischen Erfordernisse einer einheitlichen Geldpolitik nicht übersehen werden, die vom EWI bereits intensiv untersucht worden sind, aber noch weitere Studien notwendig machen. Das EWI arbeitet dabei eng mit EUROSTAT zusammen, der bei der Kommission angesiedelten Stelle, die für Statistiken im Bereich von Zahlungsbilanz und Rechnungswesen zuständig ist.

IV.

15 souveräne Staaten – eine Geldpolitik?

Ja, ein realistisches Ziel für Staaten, die die Voraussetzungen für wirtschaftliche und wirtschaftspolitische Konvergenz erfüllen sowie bereit sind, die Kompetenz für die Geld- und Währungspolitik auf die Union zu übertragen – Themen, zu denen ich hier nicht Stellung zu nehmen hatte.

Ja, ein realistisches Ziel für Staaten, die bereit sind, die ordnungspolitischen und operationellen Anforderungen zu erfüllen, die mit einer auf vorrangige Sicherung der Preisniveaustabilität ausgerichteten einheitlichen Geldpolitik einhergehen.

Ernst-Moritz Lipp

Statement

Europa hat sich auf einen historischen Weg der Integration begeben. Die Entwicklungen der letzten zwei Jahre geben die Richtung vor, hin zu einer Erweiterung und zu einer Vertiefung: Bereits 1995 traten Österreich, Schweden und Finnland der Union bei. Mit den mitteleuropäischen Ländern Ungarn, Polen, Rumänien, Bulgarien, der Tschechischen und der Slowakischen Republik sowie vor kurzem mit Slowenien und den drei baltischen Staaten Litauen, Lettland und Estland kam es zu Assoziierungsverträgen. Diese Staaten wollen eines Tages ebenfalls Mitglieder der Europäischen Union werden.

Ein wesentlicher Schritt auf diesem Wege mit dem Endziel einer politischen Union ist der Maastrichter Vertrag mit der Vereinbarung einer Europäischen Währungsunion. In Europa herrscht Einigkeit darüber, daß sich diese Währungsunion nur auf Stabilität gründen lassen wird. Die Verfassung der neuen Europäischen Zentralbank, wie sie der Maastricht-Vertrag festschreibt, sieht deshalb eine unabhängige Institution mit dem Stabilitätsziel als höchster Priorität vor.

Stabilität darf jedoch nicht erst mit der Währungsunion beginnen. Jedes Land, das Mitglied werden will, muß sie bereits in die Union einbringen. Um dies sicherzustellen, enthält der Maastrichter Vertrag eine Reihe von Eintrittskriterien, die sich auf Inflation, Zinsen, Wechselkurse sowie den Zustand der öffentlichen Finanzen beziehen.

Diese Kriterien stehen im Mittelpunkt der in jüngster Zeit intensiver werdenden öffentlichen Diskussion über die Währungsunion. Lassen Sie mich meine Ansicht hierzu darlegen. Die meisten europäischen Länder haben ohne Zweifel bereits bemerkenswerte Fortschritte in Richtung Stabilität gemacht. Die durchschnittliche Inflationsrate in der EU ist von 1980 bis heute von 13,5 auf unter 3 % gesunken. Die Anleiherenditen spiegeln diesen Rückgang wider. Die Wechselkurse in Europa konvergieren. Die innereuropäischen Schwankungen zwischen den Währungen des harten Kerns sind minimal. Trotz dieser insgesamt positiven Entwicklung erfüllen zur Zeit nur wenige Länder in dem gegebenen Zeitrahmen die im Maastrichter Vertrag festgelegten fiskalischen Referenzwerte.

Dennoch meinen wir nach wie vor, daß alle Beitrittskriterien einschließlich der fiskalischen Referenzwerte strikt eingehalten werden sollten. Man muß sich allerdings darüber im klaren sein, daß in diesem Fall die Zahl der zu einem frühen Zeitpunkt „reifen" Teilnehmer klein sein wird. Auch wenn der Maastrichter Vertrag einen gewissen Interpretationsspielraum läßt: Die Märkte würden unsicher reagieren und volatiler werden, wenn sie in einem wenig transparenten Prozeß politische Kompromisse erwarten müßten.

Diese Position hat nichts mit deutschem „power play" oder mit einer Währungsunion „under German terms" zu tun. Die Dinge liegen viel einfacher: Die D-Mark ist eine der drei Leitwährungen der Welt. Stabilität auf den Weltfinanzmärkten ist nur möglich, wenn die Emittenten der Leitwährungen – USA, Deutschland, Japan – eine stetige Geldpolitik und niedrige Staatsdefizite gewährleisten. Die Europa-Währung ist die Nachfolgewährung der D-Mark und muß demselben Qualitätsstandard gerecht werden, wenn das Weltfinanzsystem nicht Schaden nehmen soll. Und jedes Land, welches der Währungsunion beitritt, muß wissen, daß es damit die Rechte und Pflichten eines Leitwährungslandes übernimmt. Das heißt in erster Linie finanzielle Disziplin – nicht nur bei Eintritt in die Währungsunion, sondern auf Dauer.

Die Dresdner Bank war immer der Auffassung, daß Stabilität von Anfang an wichtiger ist als eine Währungsunion, die alle EU-Länder von Anfang an umfaßt. Wir sehen in der europäischen Integration einen fortlaufenden Prozeß. Jedes EU-Mitglied muß an diesem Prozeß teilhaben. Wir haben aber nie den Standpunkt vertreten, daß der spätere Beitritt eines Landes dieses zum Außenseiter macht.

Individualität, Freiheit und Wettbewerb lautet die Botschaft des liberalen Ökonomen. Es ist zugleich die Botschaft für ein Europa, das Einheit und Vielfalt miteinander verbinden will. Die Europäische Währungsunion wird die europäischen Staaten dauerhaft und verläßlich dazu bestimmen, aus je eigenem Interesse eine in den Grundlinien von vornherein international ausgerichtete und international eingebundene Politik zu betreiben. Im Sinne dieses europäischen Gedankens muß auch die Bundesbank Farbe bekennen. Die Angst der deutschen Währungshüter, sich der EZB und damit einer vorgegebenen Geldpolitik unterordnen zu müssen, ist zwar verständlich, durch ihre kompromißlose Haltung muß sich die Bundesbank jedoch immer öfter den Vorwurf gefallen lassen, die europapolitische Bewegung zu untergraben.

Gerade zum jetzigen Zeitpunkt gilt es, Vertrauen in die Eurowährung zu schaffen, um die Glaubwürdigkeit einer Währungsunion zu sichern. Es ist deshalb unangebracht, nur Sorgen und Gefahren der Währungsunion an die Wand zu malen. Statt dessen muß Zuversicht vermittelt werden, um das gegenwärtige Mißtrauen bei großen Teilen der Bevölkerung abzubauen und den Weg für ein geeintes Europa zu weisen.

Die Europäische Währungsunion läßt aufgrund ihrer Verfassung eine Geldpolitik erwarten, die für die Gemeinschaft im ganzen und für jedes Mitgliedsland – auch für die Bundesrepublik – gut ist. Daß die institutionellen Vorkehrungen die Europäische Zentralbank dazu instand setzen, steht außer Frage. Es ist keine Schimäre, daß die Geldpolitik der Europäischen Zentralbank sogar noch stabilitätsgerechter ausfallen kann als die der Deutschen Bundesbank. Der im internationalen Vergleich große Bundesbankerfolg im ganzen war kein Erfolg zu jeder Zeit. Unter starken außenwirtschaftlichen Schocks hat die Bundesbank trotz anpassungsfähiger Wechselkurse mehr als einmal von ihrem Konzept einer konsequent verstetigten Geldversorgung abweichen müssen, zur Vermeidung von Schlimmerem, aber nicht mit gutem Ergebnis. Von der Europäischen Währungsunion darf man erwarten, daß sie schockresistenter sein wird als jedes einzelne Land.

Ein für dieses Forum interessanter Aspekt der Währungsunion und seiner Bedeutung für die Soziale Marktwirtschaft liegt in den Auswirkungen für die Lohn- und Sozialpolitik: So wird die Europäische Währungsunion die nationalen Arbeitsmärkte im Verhältnis zueinander zu echten Wettbewerbsmärkten machen. Sie wird eine völlig unzweideutige Verantwortung für die realen Löhne und insoweit für die realen Kosten der Unternehmen begründen. Die dadurch entstehende Lohntransparenz und der enge Wettbewerb zwischen den nationalen Arbeitsmärkten werden die Bildung von Lohnkartellen erschweren und die Verantwortung der Tarifparteien für Preise und Beschäftigung in der jeweiligen Region erhöhen. Der Wettbewerb der Länder und Regionen um Arbeitsplätze wird härter werden – durchaus zum Vorteil eines hohen Beschäftigungsstandes. Internationaler Wettbewerb ist vermutlich der zwingendste Weg zur Einsicht der Arbeitnehmer, daß sie mit ihren Arbeitgebern in erster Linie in einem Boot sitzen und erst in zweiter Linie im Klassenkampf gegeneinander stehen.

Die lohnpolitische Disziplin wird auch dadurch gestärkt, daß das einzelne Land nicht mehr auf den Wechselkurs als wirtschaftspolitisches Instrument zurückgreifen kann, um lohnpolitische Fehlentwicklungen durch eine Abwertung der eigenen Währung zu überspielen. Alle diese Faktoren dürften eine von der Produktionsentwicklung losgelöste Lohnpolitik erschweren und die Stabilisierungsaufgabe der EZB erleichtern.

Noch einmal: Auf den ordnungspolitischen Rang der Währungsunion kommt es an. Denn dies macht den Unterschied: Ordnungspolitik zielt auf Verhaltensänderung, auf die Vermeidung von Fehlverhalten, Interventionismus korrigiert die Folgen von Fehlverhalten – und bewirkt Neues. Es kann kein Zweifel darin bestehen, daß die Einübung in stabilitätspolitische Disziplin unverzichtbares Eintrittsgeld für die Währungsunion bilden muß.

Die europäische Währungsintegration wird keinen Strukturwandel im Bankensektor per se auslösen. Jedoch wird die Einführung einer einheitlichen Währung den bereits stattfindenden Strukturwandel im Bankenbereich beschleunigen. Sie treibt die Integration der nationalen Finanzmärkte zu einem einheitlichen europäischen Markt ohne nationale Grenzen und Regulierungen voran. Dadurch nimmt die Wettbewerbsintensität für die europäischen Banken weiter zu, und der Anpassungsdruck verstärkt sich. In diesem Zusammenhang möchte ich vor einem warnen: Bei der mit einer Währungsunion einhergehenden Neukonzeption des „Finanzplatzes Europa" dürfen Aspekte des internationalen Wettbewerbs nicht vernachlässigt werden. Bei der Gestaltung der geld- und kreditpolitischen Regulierungen und des Instrumentariums darf es deshalb keinesfalls nur um Harmonisierung zwischen den beteiligten Ländern gehen. Europäische Isolation wäre fatal. Der europäische Finanzplatz muß wettbewerbsfähig sein im Vergleich zu Plätzen wie New York und Tokio, da sonst die Gefahr besteht, daß das Geschäft gänzlich aus Europa abwandert.

Was aus der Europäischen Währungsunion und der Europäischen Union einmal wird, ist im Buch der Geschichte noch nicht festgeschrieben, aber auch nicht in einem nationalökonomischen Buch. Man darf sich zutrauen, mit einem guten Konzept auf ein gutes rechtliches Fundament etwas Gutes zu bauen. Da darf auch der Einsatz groß sein. Deutschland bringt die

D-Mark nach Europa ein, will sagen: Es bringt das „Vermögen" ein, das die in der Vergangenheit nachgewiesene und binnenwirtschaftlich mit Effizienz, außenwirtschaftlich mit Vertrauen – das ist Vermögen – belohnte Fähigkeit darstellt, gutes Geld zu schaffen und zu erdulden. Wer Führung (mit) zu übernehmen hat bei großen internationalen Aufgaben, braucht eine gewisse Demut und eine gewisse Großzügigkeit. Unsere Geschichte mag uns zum einen, unser Reichtum zum anderen befähigen. Die Ordnung des Geldes ist ein nüchtern Ding. Sie erfordert einen kühlen Kopf und Kompromißlosigkeit, nicht Sentimentalität.

Diskussionsbeiträge

Martin Seidel

Herr Szász hat die Frage nach dem Zusammenhang der Währungsunion und ihrer für notwendig erachteten politischen Fundierung aufgeworfen. Die Frage rechtfertigt einen Rückblick auf den ersten Anlauf, der 1969 zur Umwandlung der Europäischen Wirtschaftsgemeinschaft in eine Wirtschafts- und Währungsunion unternommen wurde. Die Absicherung der Wirtschafts- und Währungsunion durch eine Politische Union stand damals auf der Tagesordnung an erster Stelle. Die Antwort der Jahre 1969/1973 war eine andere als die Antwort, die dem Vertrag von Maastricht zugrunde liegt. Grundlage der Diskussion war damals der sogenannte Werner-Bericht, d. h. das Ergebnis der Beratungen einer Gruppe von Experten, die unter Vorsitz des damaligen luxemburgischen Premierministers Pierre Werner getagt hatte. Es gab dann die Entschließungen des Rates und der im Rat vereinigten Vertreter der Regierungen der Mitgliedstaaten vom März 1971 und vom März 1972. Seinerzeit, jedenfalls noch in der unter Pierre Werner tagenden Expertengruppe, herrschte die Auffassung vor, daß der Übertragung der Währungssouveränität auf die Europäische Wirtschaftsgemeinschaft deren Umstrukturierung zu einer als politische Solidargemeinschaft verstandenen echten Wirtschaftsunion vorauszugehen habe. Die Währungsintegration war nach damaligem Verständnis nicht der Anfang der Entwicklung, sondern wurde als deren Krönung verstanden. Dies war die Integrationsphilosophie der sogenannten „Ökonomisten", die sich gegenüber der Integrationsphilosophie der sogenannten „Monetaristen" durchgesetzt hatte.

Um ihre Funktion und Aufgaben erfüllen zu können, wurde die Schaffung einer staatsähnlichen Struktur für erforderlich erachtet. Gedacht war an ein sogenanntes „wirtschaftspolitisches Entscheidungszentrum", das die Wirtschaftspolitik verantwortlich zu gestalten habe und von einem echten Parlament kontrolliert würde. Voraussetzung für die Integration der Wirtschaftspolitik war nach damaligem Verständnis eine umfassende Harmonisierung der wirtschafts- und währungspolitischen Zielvorstellungen, insbesondere hinsichtlich der Währungsstabilität als primäres Ziel, zweitens der wirtschaftspolitischen Entwicklung der Mitgliedstaaten im Sinne einer konvergenten Wirtschaftsentwicklung und als drittes eine Angleichung der „Verhaltensweisen" der sogenannten „sozio-ökonomischen Gruppen". Man sprach von einer „dreifachen Parallelität", die gewährleistet sein müsse, wenn die Gemeinschaft eine einheitliche Währungspolitik gestalten sollte. Materielle Vorbedingungen der „dreifachen Parallelität" waren die Vollendung des Binnenmarktes, eine umfassende einheitliche Rechtsgestaltung und vor allem eine Angleichung und Integration der Verhaltensweisen der Tarifpartner und insoweit – bis zu einem gewissen Grade – sogar die Vereinheitlichung der Streikmentalität. Die Ausformulierung der Voraussetzungen für die Währungsunion im einzelnen blieb – bedauerlicherweise – in abstrakten Festlegungen stecken. Gleichwohl haben die Mitgliedstaaten, insbesondere die französische Regierung, im Verlauf des Jahres 1970 während der Beratungen im Rat die Tragweite der mit der Währungsunion verbundenen politischen und organisatorischen Integrationsschritte klar erkannt.

Für die französische Regierung kam eine Integrationsentwicklung, die als Voraussetzung für die Währungsunion zu einer Politischen Union führt, nicht in Betracht. Die Entschließungen des Rates bzw. der im Rat vereinigten Vertreter der Regierungen der Mitgliedstaaten vom März 1971 bzw. März 1972 trugen der Grundkonzeption einer Umwandlung der Europäischen Wirtschaftsgemeinschaft zu einer Politischen Union als Fundament der Währungsunion dementsprechend nicht mehr Rechnung. Die Stärkung des Europäischen Parlaments, vorab die unmittelbare Wahl seiner Abgeordneten, sowie die Umwandlung der Entscheidungsstruktur der Europäischen Gemeinschaft im Sinne eines Übergangs zu einem bundesstaatlichen System wurden in der Folgezeit nicht mehr näher thematisiert. Bei der Verabschiedung der beiden Entschließungen kam es deutscherseits zu dem Vorbehalt, daß vorauseilende – die Parallelität nicht wahrende – Entwicklungen im Bereich der monetären Integration gegebenenfalls einseitig zurückgenommen werden könnten.

Alles in allem dürfte damals für die Mitgliedstaaten festgestanden haben, daß zur Sicherung einer Währungsunion bloße Haushaltsregelungen zu Lasten der Mitgliedstaaten nicht ausreichen. Bedauerlicherweise standen die Erfahrungen der Jahre 1969/1971 beim Maastrichter Anlauf zur Umwandlung der Europäischen Wirtschaftsgemeinschaft in eine Währungsunion nicht uneingeschränkt Pate.

Werner Steuer

Herr Dr. Schlüter hat die vorbereitenden Arbeiten des EWI skizziert und dabei die Untersuchungen über die geldpolitischen Instrumente sowie die Vorbereitungen für den gemeinsamen Zahlungsverkehr herausgestellt. Nur wenig sagte er hingegen zur Frage nach dem geldpolitischen Konzept. Im Jahresbericht des EWI liest man hierzu – und es ist gerade bestätigt worden –, das EWI werde sich mit dieser Frage erst später befassen.
Ich finde dieses Zögern erstaunlich angesichts der Bedeutung der Frage. Denn wie soll die EZB den Stabilitätsauftrag erfüllen, wenn sie nicht weiß, auf welchem Wege sie das Ziel erreichen kann? Wichtiger als alles andere erscheint mir daher eine Antwort auf die Frage nach dem geldpolitischen Konzept. Daß sich das EWI damit Zeit lassen will, legt die Vermutung nahe, daß im Kreis der Notenbankgouverneure hierüber beträchtliche Auffassungsunterschiede bestehen.
Tatsächlich stehen ja im Kreis der Notenbankgouverneure zumindest zwei konkurrierende Strategien zur Debatte: Das Geldmengenkonzept der Bundesbank und die von der Bank von England verfolgte Strategie der monetären „Direktsteuerung". Beide Konzepte unterscheiden sich nicht allein dadurch, daß im Bundesbankkonzept die Geldmenge als Orientierungsgröße einen weitaus höheren Stellenwert hat als im Konzept der „Direktsteuerung", die sich von einer Vielzahl von Wirtschaftsindikatoren leiten läßt: von der Entwicklung der Wechselkurse, der Löhne und Zinssätze bis zu den Daten des Arbeitsmarktes, der Kapazitätsauslastung und der Einfuhr- und Erzeugerpreise.
Mit den unterschiedlichen Konzepten verknüpfen sich auch unterschiedliche Überzeugungen über die eigentlichen Ursachen der Inflation. So liegt dem Geldmengenkonzept die Erkenntnis zugrunde, daß Inflation ein monetäres Phänomen ist und infolgedessen durch eine kontrollierte Geldversorgung unterbunden werden kann. Demgegenüber geht das Konzept der „Direktsteuerung" von der Vorstellung aus, daß viele Einflüsse eine inflationäre Entwicklung verursachen, also nicht allein eine übermäßige Geld-

versorgung, sondern auch die Expansion der Staatsausgaben, der Anstieg der Auslandsnachfrage und vor allem die Steigerungen der Löhne und Lohnstückkosten. Dieser Auffassung zufolge sind neben der Notenbank auch die Wirtschafts-, Finanz- und Lohntarifpolitik für den Geldwert verantwortlich.

Die Entscheidung für die eine oder die andere geldpolitische Strategie reflektiert somit auch das Verständnis einer Notenbank von der Rolle des Staates und der Sozialpartner im Wirtschaftsprozeß. Hierüber bestehen in Europa erhebliche Auffassungsunterschiede, die es schwer machen dürften, in der Frage nach der geldpolitischen Strategie für die EZB eine gemeinsame Position zu finden. Es wäre ein böses Omen für die Stabilität der gemeinsamen Währung, wenn sich die Notenbankgouverneure im EWI nicht auf das bewährte Geldmengenkonzept verständigen könnten. Die Geldnachfrage dürfte in einem europäischen Währungsraum eher noch stabiler sein als in Deutschland, so daß dieses Konzept Erfolg verspricht. Rundweg unbefriedigend wäre ein mixtum compositum von Geldmengenregel und Pragmatismus. Ein solches Gemisch könnte den stabilitätspolitischen Erwartungen nicht gerecht werden.

Rudolf Mikus

Erlauben Sie mir bitte im Anschluß an das sehr grundsätzlich ansetzende Referat von Prof. Szász hier einmal die Frage, warum weder bei dieser Konferenz noch sonst in der aktuellen Diskussion um die WWU darüber gesprochen wird, daß grundsätzlich auch noch andere Wege zur europäischen Währungseinheit oder Einheitswährung denkbar sind als der uns mit „Maastricht" verordnete. Noch zu Anfang dieses Jahrzehnts war davon durchaus in verschiedenem Zusammenhang die Rede. Ich erinnere hier nur beispielhaft an Vorschläge zur Einführung eines *Währungswettbewerbs* in Europa, die der bekannte Wirtschaftsjournalist *Samuel Brittan* auf der Grundlage einschlägiger britischer Vorstudien zu dieser Frage in der *Financial Times* gemacht hat.

Diese Vorschläge liefen praktisch darauf hinaus, in Europa für eine Übergangszeit mehrere nationale Währungen nebeneinander bestehen und miteinander um die Gunst der Marktteilnehmer konkurrieren zu lassen. Jedermann in der EU sollte es freigestellt sein, seine Geschäfte bzw. wirtschaftlichen Transaktionen in der Währungseinheit vorzunehmen, die ihm am vorteilhaftesten erschien. Das würde bei unterschiedlichen nationalen Inflationsraten, so Brittan bzw. die von ihm angeführten britischen Fachkommissionen, nach einiger Zeit von selbst dazu führen, daß das Greshamsche Gesetz in umgekehrtem Sinne wirksam würde: Die stabilste europäische Währung würde von der großen Mehrheit der Bürger allen anderen vorgezogen. So würde sich ohne weiteres staatliches Zutun quasi automatisch eine bereits bestehende stabile Recheneinheit als *die* Europa-Währung etablieren (und nach der Übergangszeit auch als solche amtlich anerkannt werden). Sie würde neben ihrer Stabilität und ihrer wohl ziemlich kostengünstigen Einführung wahrscheinlich noch eine Reihe weiterer Vorteile mit sich bringen: Ein Streit um Brauchbarkeit und Einhaltung irgendwelcher Konvergenzkriterien entfiele, weil jede nationale Regierung sich nun *aus eigenem Antrieb* nach Kräften so stabilitätsorientiert verhalten würde, daß *ihre* Landeswährung nicht durch das Urteil des Marktes schließlich aus dem Verkehr gezogen würde.

Aus dem gleichen Grund bedürfte es auch keiner stabilitätskonformen ex ante-Abstimmung der nationalen Finanz- und Sozialpolitiken usw. mehr, deren Finanzierung über die Notenpresse im übrigen bei einer nun auf europäischer Ebene ablaufenden Geldpolitik praktisch unmöglich wäre ... usw. usf. Ganz offensichtlich also hätte die Methode, die Euro-Währung über den Wettbewerb zu ermitteln, erhebliche Vorteile!

Warum hat man uns trotzdem den so problematischen konstruktivistischen Währungsentwurf von Maastricht übergestülpt? Je genauer man die hierfür geläufigen Begründungen unter die Lupe nimmt, desto weniger stichhaltig erscheinen sie. Sogar dem von Natur aus nicht zum Germanophilen prädestinierten Briten Brittan erscheint jedenfalls das Argument nicht zwingend, die DM wäre als Eurowährung für die Partner der Deutschen „aus politischen Gründen" nicht tragbar. Zur Behebung dieses eventuellen Problems kann er sich leicht einige einfache „kosmetische" Operationen (z. B. am Namen der Mark) vorstellen. Warum also erwägt man, diskutiert man die von ihm skizzierte Wettbewerbslösung oder ähnliche Vorschläge für das europäische Währungsproblem nicht? Das Wissen um die Vorteilhaftigkeit von Wettbewerbslösungen scheint in Europa immer noch nicht sehr weit verbreitet!

Währungsunion und supranationale Staatlichkeit

Christian Watrin

Die Vergemeinschaftung der europäischen Währungen wird oft mit dem Übergang über den Rubikon gleichgesetzt. Und tatsächlich soll durch sie die europäische Integration irreversibel gemacht werden. Aber was heißt hier „Integration" und welche Staaten würden überhaupt vertieft integriert? Es ist schon jetzt klar, daß nur einige der zur Zeit 15 Mitgliedstaaten die in Maastricht festgelegten Aufnahmekriterien passieren würden. Dadurch bauen sich neue Spannungen zu den übrigen Mitgliedstaaten auf, die ja eine Art Mitgliedschaft zweiter Klasse erlangen würden. Es wird zwar vorgeschlagen, diesen potentiellen Konflikten mit einer „Strategie der differenzierten Integration" zu begegnen. Sie ist nach dem Modell von Kern- und Satellitenstaaten oder Zentrum und Peripherie konzipiert. Ferner wird die Hoffnung erweckt, daß es möglich sei, zuerst die monetäre Integration in einigen Ländern voranzutreiben, um dann zu einem späteren Zeitpunkt die Erweiterungsproblematik anzugehen. Aber es dürfte sich als utopisch erweisen anzunehmen, daß ein solcher Prozeß störungsfrei verlaufen könnte. Der Problemdruck ist schon längst zu groß und er wächst mit steigender Labilität der osteuropäischen Staaten. Im Inneren des westeuropäischen Binnenmarktes aber verfügen die Mitgliedsländer noch immer über gefährliche wirtschaftspolitische Instrumente, mit denen sie auf höchst legale Weise, aber gegen den Sinn der Integrationsverträge, die Handelsbeziehungen und die Freiheit des Wirtschaftsverkehrs unterbrechen könnten. Genannt sei nur die Möglichkeit, nationale Kapitalverkehrskontrollen und Handelshemmnisse im Interesse der öffentlichen Sicherheit einzuführen. Gleichzeitig ist der Binnenmarkt noch keineswegs so weit ausgebaut, wie es die politische Rhetorik glauben machen will. Drohen daher neue Spaltungen Europas? Die Anwort hängt davon ab, ob die Europäische Währungsunion in naher Zukunft zustande kommt.

Kommt die Europäische Währungsunion in diesem Jahrzehnt?

Jacques Delors, der ehemalige Präsident der EU und einer der Väter des Maastricht-Vertrages, glaubt selbst kaum noch an eine baldige Einführung. Er sagte jüngst in einem Interview: „Die Nachrichten sowohl aus Frankreich als auch aus Deutschland sind nicht ermutigend. Und das so sehr, daß es recht schwierig sein wird, die Wirtschafts- und Währungsunion zum vorgesehenen Zeitpunkt zu verwirklichen". Andere französische Stimmen gehen sogar so weit, daß eine Neuverhandlung des Maastricht-Vertrages gefordert wird. Das würde die langwierige Prozedur der Ratifizierung in allen nationalen Parlamenten und im Europa-Parlament ein weiteres Mal in Gang setzen und sicherlich mehrere Jahre dauern. Wie aber ist die gegenwärtige Lage?

Nach Artikel 109 j Abs. 3 EGV war im Jahre 1995 darüber zu befinden, ob eine Mehrheit der Mitgliedstaaten – mindestens acht – die vier Konvergenzkriterien erfüllten. Deutschland gehörte nicht dazu und auch nicht die Mehrheit der 15 Mitgliedstaaten der EU. Der nächste Termin ist 1999. Zu diesem Zeitpunkt kann durch Mehrheitsbeschluß befunden werden, daß jene Länder, die die Eintrittskriterien erfüllen, eine Währungsunion eingehen müssen. Das gilt auch für den Fall, daß eine betroffene Regierung den Eintritt ablehnt.

Ob 1999 einige wenige Staaten die Eintrittskriterien erfüllen werden, ist gegenwärtig noch völlig offen. Der Beschluß darüber ist 1998 zu fassen. Die in Frankreich im laufenden Jahr geplante Vollbeschäftigungspolitik könnte – wenn sie sich des wirkungslosen, aber politisch beliebten Instrumentes der Beschäftigungsprogramme bedient – einen Beitritt auf mittlere Sicht unmöglich machen. Ähnliches gilt für die anderen europäischen Länder, in denen die Arbeitslosigkeit hoch ist und die Märkte sklerotisiert sind.

Weder die bisherige Geschichte der Konvergenz noch die sich abzeichnenden Entwicklungen legen daher einen baldigen Übergang zu einem Europageld nahe. Unabhängig davon stellt sich jedoch die eigentlich wichtige Frage, wie stabil denn eine europäische Gemeinschaftswährung sein wird.

Der „Euro" – ein stabiles Geld?

In diesem Zusammenhang wird in der öffentlichen Diskussion stets auf die Konvergenzkriterien verwiesen. Es handelt sich hier gewissermaßen um die Eintrittsbedingungen in eine künftige Europäische Währungsgemeinschaft. In nicht-technischer Sprache bedeutet Konvergenz folgendes:

- die Erreichung eines hohen Grades an Preisstabilität in den beteiligten Mitgliedsländern (Preiskriterium),
- eine auf Dauer tragbare Finanzlage der öffentlichen Hand, gemessen durch zwei Kriterien, und zwar den Schuldenstand und den Finanzierungssaldo des öffentlichen Sektors, und
- die Dauerhaftigkeit der von einem Mitgliedstaat erreichten Konvergenz, die im Niveau der langfristigen Zinssätze zum Ausdruck kommt.

Diese Eintrittskriterien müssen für jedes teilnehmende Land auf allen Gebieten gleichzeitig erfüllt sein. Die Ergebnisse der Konvergenzpolitik der westeuropäischen Länder in den vergangenen drei Jahren sind ernüchternd. Die Erfüllung des Preiskriteriums wird nach Artikel 109 j (1) EGV auf der Grundlage eines Vergleiches mit der Preisentwicklung in jenen höchstens drei Mitgliedstaaten geprüft, die auf dem Gebiet der Preisstabilität das beste Ergebnis erreicht haben. Es handelt sich also um ein relatives, nicht absolutes Maß. Die Klassenbesten des Jahres 1993 sind Dänemark, Irland und Großbritannien. Dies ändert sich bereits im Jahre 1994; denn hier sind es die Länder Frankreich, Dänemark und Luxemburg; 1995 sind es Belgien, Finnland und Frankreich. Für 1993 liegen die Preissteigerungsraten in den genannten Ländern zwischen 1,3 und 1,6 Prozent. Im Jahre 1994 sind Irland und Großbritannien nicht mehr dabei. Neu hinzugetreten sind Frankreich und Luxemburg. Hier liegen die Inflationsraten gemessen auf der Basis der nationalen Verbraucherindices schon höher, nämlich zwischen 1,6 und 2,1 Prozent. 1995 sinkt diese Bandbreite auf 1,3 bis 1,7 Prozent.

Das Protokoll über die Konvergenzkriterien legt nun fest, daß ein Beitrittsland bis zu 1,5 Prozent über der Inflationsrate jener Länder liegen darf, die die relativ stabilsten sind. Beitrittsfähig ist also noch ein Land mit rund 3 Prozent Inflationsrate: Niemand wird jedoch ein Land mit einer solchen Teuerungsrate als geldwertstabil bezeichnen. Das erste Konvergenz- oder Beitrittskriterium legt also keine sonderlich strengen Maßstäbe an. Auch

Länder mit schleichender Inflation können noch beitreten.
Der zweite wichtige Aspekt sind die öffentlichen Haushalte. Der EG-Vertrag verbietet hier übermäßige Defizite. Diese werden in zweifacher Weise definiert. In Artikel 104 c Ziff. 2 und 3 bzw. dem zugehörigen Protokoll heißt es, daß das geplante oder tatsächliche öffentliche Haushaltsdefizit in Prozenten des Bruttoinlandsproduktes den Wert von 3 Prozent nicht überschreiten darf, „es sei denn, daß entweder das Verhältnis erheblich und laufend zurückgegangen ist und einen Wert in der Nähe des Referenzwertes erreicht hat oder daß der Referenzwert ausnahmsweise und vorübergehend überschritten wird und das Verhältnis in der Nähe des Referenzwertes bleibt."
Es kommt also das Prinzip Hoffnung zum Zuge. Wer ein wenig Besserung zeigt oder verspricht, kann auch mit schlechteren Konditionen noch eintreten. Zu dieser Drei-Prozent-Regel kommt noch ein weiteres Kriterium, nämlich das Verhältnis der öffentlichen Schulden zum Bruttoinlandsprodukt. Solange hier ein bestimmter Referenzwert nicht überschritten wird – er ist bei 60 Prozent des BIP festgelegt –, steht die Tür offen. Das gilt im Zuge einer Aufweichungsklausel schon, wenn der Beitrittskandidat zeigt, daß „das Verhältnis hinreichend rückläufig ist und sich rasch genug dem Referenzwert nähert."
Wendet man die strenge Auslegung an, dann ist für die letzten drei Jahre festzuhalten, daß die Defizitquote (3-Prozent-Regel) durchgehend nur von Irland und Luxemburg erfüllt wird. Die Quoten der öffentlichen Schulden (Bestände) schnellten in vielen Ländern in die Höhe; durchgehend erfüllt wurden sie nur von Deutschland, Frankreich, Großbritannien und Luxemburg. Zu bemerken ist abschließend, daß alle diese Ergebnisse auf der Basis nationaler Daten beruhen. Es gibt also noch keine einheitliche europäische Statistik. Das läßt nicht unbeträchtliche Abweichungen in der Aussagefähigkeit zu.
Bei den langfristigen Zinssätzen verlangt der Vertrag in Art. 109 j Ziffer (1), daß die Dauerhaftigkeit der erreichten Konvergenz im Niveau der langfristigen Zinssätze zum Ausdruck kommt. Es geht also um die Konvergenz der Zinssätze. Wiederum gelten die drei Mitgliedstaaten, die jeweils das beste Ergebnis erzielt haben, als Referenzpunkt. Von den dort bestehenden langfristigen Nominalzinssätzen darf ein Beitrittsland nicht mehr als 2 Prozent nach oben abweichen.

Das statistische Bild zeigt hier seit längerem eine Konvergenz bei acht Mitgliedsländern. Starke Abweichungen verzeichnen bisher Griechenland, Spanien, Italien und Portugal, doch haben sich mittlerweile – bis auf Griechenland – die langfristigen Zinssätze in Spanien, Italien und Portugal dem EU-Durchschnitt stark angenähert.

Alles in allem ergibt sich somit:

1. Die Konvergenzkriterien, die in der öffentlichen Diskussion manchmal als eherne Eintrittsbedingungen präsentiert werden, sind keineswegs so streng, wie oft behauptet wird.
2. Im Zeitraum 1993-1996 erfüllte – bis auf Luxemburg – kein Land gleichzeitig alle Kriterien.

Wirtschaftspolitik in der Währungsunion

Der Eintritt in die Währungsunion ist die eine Seite der Medaille. Die andere betrifft die künftige Politik der Europäischen Notenbank. Der öffentliche Streit geht um die Frage, welche Voraussetzungen erfüllt sein müssen, damit der Euro ein stabiles Geld wird. Vielfach wird behauptet, es genüge die im Maastrichter Vertrag verankerte Unabhängigkeit der Europäischen Notenbank von politischen Weisungen. Diese Unabhängigkeit ist zweifellos ein hohes Gut, aber, wie die Fachleute sagen, nur eine notwendige und keine hinreichende Bedingung für Geldwertstabilität. Welche Erwartungen bzw. Voraussetzungen müßten also erfüllt sein, damit die Eurowährung eine stabile Währung wird?

Liest man hierzu das EG-Grünbuch, so ist diese Frage schon im Vorfeld entschieden. Die EG-Währung ist per definitonem stabil! Und zwar weil die Europäer es so wollen. Aber „wollen" bedeutet nicht, daß es wirklich auch so kommt. Und im übrigen: Welche politische Ordnung paßt zu einer Einheitswährung? In der öffentlichen Diskussion gibt es hierzu zwei sich widersprechende Positionen.

Die erste vertritt die Auffassung, daß ein stabiles Maßstabsgeld, also ein unpolitisches Geld, nur dann zustande kommt, wenn die Europäische Zentralbank ohne politische Union geschaffen wird. Die andere, vor allem von Bundesbankpräsident Tietmeyer vertretene Meinung geht dahin, daß eine

Europäische Notenbank nur dann eine Chance hat, gut zu funktionieren, wenn sie gleichzeitig in eine politische Union eingebettet ist.

Eine weitergehende politische Union existiert vorerst nicht. Es besteht somit ein problematisches Nebeneinander aber auch Gegeneinander zwischen nach wie vor nationaler wirtschafts- und finanzpolitischer Zuständigkeit auf der einen und zentraler europäischer Währungspolitik auf der anderen Seite. Es gibt aber nach Meinung der Bundesbank in einer solchen Situation nur einen Weg, um solche Konflikte einzudämmen, und zwar einen umfassenden Souveränitätsverzicht der Teilnehmerländer zugunsten einer voll integrierten Wirtschafts- und Währungsunion mit entsprechenden europäischen Entscheidungsstrukturen. Im Klartext: Der Preis der europäischen Einheitswährung ist die weitgehende Aufgabe der deutschen Souveränität auf zentralen Gebieten der Wirtschaftspolitik. In letzter Konsequenz würde dies einen völligen Wandel des jetzigen Status der Europäischen Union bedeuten: die Entstehung eines echten Staatswesens oberhalb der jetzigen Nationalstaaten.

Dieser supranationale Staat besteht jedoch zur Zeit nicht, so daß in Wahrheit zu wählen ist zwischen dem Verzicht auf die Einheitswährung oder aber die Umgestaltung der Europäischen Union in einen echten europäischen Staat. Selbstverständlich kann die Bundesbank als Teil des deutschen Staates die erste Position nicht vertreten, denn sie ist daran gebunden, die Gesetze und Verträge der Bundesrepublik Deutschland zu respektieren. Daraus folgt, daß für sie nur noch der Weg zum supranationalen europäischen Staat offenbleibt, den sie deswegen auch folgerichtig propagiert. An dieser Stelle aber ergibt sich die Frage, ob die Völker Europas ihre Nationalstaaten aus währungspolitischen Gründen zugunsten eines Vielvölkerstaates auflösen wollen. Diese Frage ist noch keineswegs voll in das öffentliche Bewußtsein eingedrungen.

Gibt es Alternativen zur Währungsunion?

Selbstverständlich gäbe es Lösungen, die auf Dauer zu einer Europäischen Währungsunion hinführen könnten, ohne daß der gewaltige politische und propagandistische Aufwand notwendig wäre, der sich jetzt vor unseren Augen abspielt. In Europa existieren schon längst stillschweigende Währungsunionen. Mit Österreich, das erst kürzlich der Europäischen Union beigetreten ist, besteht diese „Währungsunion" schon seit rund 20 Jahren. Sie findet ihren Ausdruck darin, daß der österreichische Schilling sich gegen die D-Mark im Verhältnis von ungefähr 1:7 tauscht. Österreich hat sich als kleineres Land an die Bundesrepublik angeklinkt, um so die geldpolitische Glaubwürdigkeit des größten Nachbarn zu gewinnen. Den Österreichern ist diese Politik recht gut bekommen. Ähnliches gilt auch für das Verhältnis der Niederlande zur Bundesrepublik. Auch der Holländische Gulden hat sich an die D-Mark angehängt. Man kann also von einem DM-Block, der die Niederlande und Österreich umfaßt, sprechen.

Ein solcher DM-Block existiert ohne irgendwelche Verträge oder offizielle Abmachungen zwischen den Beteiligten. Die informelle Kooperation besteht darin, daß der Deutsche Zentralbankrat die Notenbankpräsidenten der beiden anderen Länder jeweils von seinen Entscheidungen unmittelbar nach Schluß seiner Sitzungen unterrichtet. Mehr erfolgt nicht. Auf diese Weise könnten auf Dauer zwei oder drei „Währungsunionen" im europäischen Raum heranwachsen. Sie wären sicherlich ein weniger riskantes Unternehmen als der jetzt im Maastrichter Vertrag eingeschlagene Weg, eine gänzlich unerprobte Währung sofort als Weltwährung durchsetzen zu wollen.

Aber wird es wirklich möglich sein, um in einer historischen Parallele zur Währungsunion zu sprechen, wieder die strengen Regeln des Goldstandards durchzusetzen? Ökonomisch wäre das zu begrüßen. Aber die Schwierigkeiten der Währungspolitik seit dem Zusammenbruch des Goldstandards nach Beginn der Weltwirtschaftskrise (1929) bestehen ja gerade darin, daß nationale Ziele wie die Vollbeschäftigung über außenwirtschaftliche Ziele wie die Stabilisierung des Wechselkurses gestellt wurden. Daran hat sich bis heute nichts geändert. Wie schwierig eine nationale Stabilitätspolitik aber gegen große Teile der Bevölkerung durchzusetzen ist, das zeigt in diesen Tagen das französische Beispiel. Sicher ist es nicht gerecht, wie in der innerfranzösischen Diskussion geschehen, die Währungsunion zum Schurken im Stück zu machen. Die Sanierung der französischen Staatsfinanzen und besonders des Sozialstaates ist mit und ohne gemeinsame Währung notwendig. Aber der Zeitpunkt ist sicher durch Maastricht bestimmt. Mit ähnlichen Aufständen gegen die ökonomische Vernunft ist aber auch in einer künftigen Gemeinschaftswährung zu rechnen. Wäre sie besser geeignet, derartige Stöße abzufangen als die nationalen Währungen? Oder ist sie gerade wegen ihrer Größe besonders gefährdet? Und wie wird es sein, wenn supranationale Instanzen Gegenstand von Angriffen sind. Im allgemeinen sind Menschen eher bereit, Anpassungslasten zu tragen, wenn sie ihnen von ihren eigenen Institutionen auferlegt werden. Im übrigen aber gelten alle Vorteile der Dezentralität, wie schnellere und elastischere Anpassung in kleineren Einheiten, auch für die Währungspolitik.

Sollte die Euro-Währung verschoben werden?

Die in der öffentlichen Diskussion vorgetragenen Horrorszenarien für diesen Fall entbehren der theoretischen und praktischen Grundlage. Trotz des in den siebziger Jahren gescheiterten Versuches, eine Euro-Währung zu installieren, hat die EG weiterhin große Integrationsfortschritte gemacht. Die vielfach befürchteten Abwertungswettläufe haben nicht stattgefunden. Wo es wie 1992 und 1993 Abwertungen im Rahmen des Europäischen Währungssystems gab, waren diese durch die Wirtschafts- und Geldpolitik der betreffenden Länder bedingt, nicht durch das Währungssystem. Ferner haben erst die flexiblen Wechselkurse das Entstehen europaweiter und internationaler Geld- und Kapitalmärkte ermöglicht. Dies wird allerdings vom Standpunkt eines seit Ende der 50er Jahre voll in die Weltwirtschaft integrierten Landes weniger leicht sichtbar, als in der Perspektive jener Länder, die erst zu Beginn der neunziger Jahre den Übergang in die Weltgeldwirtschaft vollzogen haben.

Auch wenn es gelingt, die Währungsunion etwa in den nächsten zehn Jahren in Kraft zu setzen, so dürfen ihre langfristigen ökonomischen und politischen Folgen nicht unterschätzt werden. Mit dem Fortfall des Wechselkursventils verlagert sich die Anpassungslast auf Arbeitskräfte- und Kapitalwanderungen sowie Transferzahlungen zwischen den Unionsländern. Ferner ist nicht davon auszugehen, daß der Euro sofort jene Glaubwürdigkeit an den internationalen Finanzmärkten genießt, die heute der D-Mark zuteil wird. Die internationale Akzeptanz eines Geldes läßt sich weder politisch dekretieren noch herbeireden. Vielmehr sind allein die zahllosen täglichen Bewertungen an anonymen internationalen Finanzmärkten ausschlaggebend.

Von entscheidender Bedeutung aber wird es sein, ob die europäischen

Geld- und Kapitalmärkte gegenüber der übrigen Welt offenbleiben, also die Konvertibilität des neuen Euro nicht eingeschränkt wird. Nur in der täglichen Bewährung im internationalen Geschehen liegt die wirkliche Stabilitätskontrolle einer Währung, nicht in der Zusammensetzung und Weisungsunabhängigkeit ihres Managements. Es wird also darauf zu achten sein, ob Probleme mangelnder innerer Geldwertstabilität mit den scharfen Instrumenten der Kapitalverkehrs- und Devisenkontrollen gegenüber der übrigen Welt verdeckt werden. Wenn dieser Fall eintritt, dann wäre die Währungsunion ein schwerwiegender Fehlschlag.

Die politische Dimension des EURO – Zehn Thesen

Joachim Starbatty

1. „Der Euro ist doch primär keine ökonomische Veranstaltung. Das glauben nur die Waigels, Tietmeyers und andere Geldpolitiker... Der Euro ist eine strategische Veranstaltung. Er ist Teil des Aufbaus Europas in Etappen. Und deshalb müßte die Debatte auch von Außenministern geführt werden" (Helmut Schmidt 1997).

Der Euro ist eine strategische Veranstaltung – ja. Was aber machen die Waigels, Tietmeyers falsch? Kennen sie nicht die politischen Auswirkungen der Schaffung eines europäischen Einheitsgeldes? Waigel hat – um die Notwendigkeit der finanzpolitischen Fundamentierung einer Währungsunion wissend – einen Stabilitätspakt lanciert, der einen Gleichlauf von Finanz- und Geldpolitik sichern sollte. Tietmeyer selbst kennt den Prozeß der Europäischen Integration wie kaum ein Zweiter. Er war als deutscher Vertreter der Werner-Gruppe (genannt nach dem Vorsitzenden Pierre Werner – damals luxemburgischer Ministerpräsident) maßgeblich an der Erstellung des Werner-Berichts beteiligt, dessen politische Substanz nach französischer Intervention auf die monetaristischen Elemente zurückbuchstabiert wurde (Müller-Armack et al. 1971, S. 164-180). Die Deutsche Bundesbank hat in ihrer Stellungnahme zur geplanten Europäischen Währungsunion (EWU) klar auf die Notwendigkeit eines politischen Fundaments verwiesen (Monatsbericht Februar 1992, S. 53).

Wenn Waigel und Tietmeyer um die politische Dimension des Euro wissen, was machen sie falsch? Beide pochen darauf, daß der Euro so stabil wie die Deutsche Mark sein müsse; dann und nur dann wäre der Euro in Deutschland akzeptabel. Wahrscheinlich sieht Helmut Schmidt in der Betonung der Stabilität des Euro die verengte geldpolitische Sicht. Um diese Einschätzung Schmidts beurteilen zu können, muß geprüft werden, was mit den Bestimmungen des Maastricht-Vertrages zur Schaffung der EWU politisch intendiert ist.

Es geht im Kern um die Verlagerung von währungspolitischer Kompetenz. Im Europäischen Währungssystem (EWS) kristallisierte sich während des Vollzugs eine „Ankerwährung" heraus, die die Währungen der anderen Teilnehmerstaaten des EWS bei einem bestimmten stabilitätspolitischen Niveau „verankerte". Dies war in den Abkommen zum EWS nicht gesehen worden. Diese Ankerfunktion wurde über den Währungswettbewerb innerhalb des EWS derjenigen Zentralbank zugewiesen, der die Kapitalanleger auf Grund ihrer währungspolitischen Zuverlässigkeit das größte Vertrauen entgegenbrachten. Bald nach der Etablierung des EWS wuchsen die Deutsche Bundesbank und die von ihr emittierte Währung in die Rolle der Ankerfunktion hinein. Konkret: Die Bundesbank gab innerhalb des EWS den geldpolitischen Kurs vor, an dem sich die übrigen Zentralbanken orientieren mußten, wenn sie nicht aus dem EWS ausscheiden wollten (Herz 1994).

Der Übergang vom EWS zur EWU bedeutet institutionell und faktisch, daß nicht mehr die Bundesbank den geldpolitischen Kurs bestimmt, sondern daß alle beteiligten nationalen Zentralbanken zusammen mit dem Direktorium darüber befinden. Entgegen allen sonstigen internationalen und auch innerhalb der Europäischen Union (EU) gültigen Gepflogenheiten sind die Stimmen der nationalen Zentralbanken innerhalb des zukünftigen Europäischen Zentalbankrates nicht nach Bevölkerungsanteil oder nach Maßgabe der Kapitaleinlagen gewichtet. Vielmehr hat jede Bank jeweils eine Stimme. Entscheidend aus der Sicht nationaler Souveränität ist, daß nun die Mitglieder der nationalen Zentralbanken, wenn sie gemeinschaftlich die Politik bestimmen, geldpolitische Souveränität zurückgewinnen. So hat der frühere Präsident der Banque de France, de Larosière (1992), auf die Frage, ob Frankreich mit der Zustimmung zum Maastricht-Vertrag nicht geldpolitische Souveränität abtrete, geantwortet: Es gehe darum, sie zu teilen, um sie besser im Interesse Frankreichs und der Gemeinschaft auszuüben. Ganz konkret: Die Dominanz der Bundesbank via Ankerfunktion war für einige Mitgliedstaaten nicht mehr hinnehmbar. Der frühere Staatspräsident Valéry Giscard d'Estaing (1997) hat daran erinnert, daß aus französischer Sicht die Abschaffung der Mark ein vorrangiges politisches Ziel gewesen sei. An den Maastricht-Verhandlungen Beteiligte oder darin Eingeweihte geben zu – allerdings nur intern –, daß es bei der Währungsunion um ein politisches Tauschgeschäft (Proissl 1997) gegangen sei: Wir lassen Euch bei der Wiedervereinigung gewähren, wenn die Bundesbank für Europa geopfert wird.

Nun pocht Waigel darauf, daß im Zentralbankrat Politik nach deutscher Elle gemessen werden müsse, damit ein Euro nach deutschem Geschmack herauskomme. Doch fühlen sich die Politiker und auch die Bürger in den anderen Mitgliedstaaten nicht beglückt, sondern offensichtlich gezwungen, nach deutscher Pfeife zu tanzen. Daher ist konsequent, daß Schmidt (1997) die Debatte auch nicht von Finanz- und Geldpolitikern geführt sehen will, sondern von Außenpolitikern, die den Wert des Euro nicht nach seiner stabilitätspolitischen Qualität bewerten, sondern als Integrationsmotor und als mögliches Gegengewicht zum Dollar im internationalen Währungsgeschehen.

2. „Die EU zäumt jedoch das Pferd beim Schwanz auf: Sie konzipiert die Währungsunion als Grundlage und nicht als Abschluß einer für später gedachten politischen Union" (Markus Lusser 1996, S. 194).

Ein währungspolitisches Experiment dieses Ausmaßes ist einzigartig in der wirtschaftlichen und politischen Geschichte. Noch nie haben weltwirtschaftlich führende Nationen beschlossen – immerhin gehören vier EU-Mitgliedstaaten als Mitglieder der „group seven" zu den international einflußreichsten Industrienationen –, sich ihres Rechts auf eine nationale Inflationsrate zu begeben, ohne das entsprechende politische Fundament zu legen. Das Deutsche Reich gab sich erst fünf Jahre nach seiner Gründung eine Deutsche Reichsbank, die eine einheitliche Währung emittierte.

Freilich hat es Vorformen zu Währungsunionen in der jüngeren und jüngsten Wirtschaftsgeschichte bereits gegeben: den Goldclub, das Bretton Woods-System (BWS), die „Europäische Schlange" und das EWS. Sie können als Vorformen gelten, da sie die Wechselkurse der Teilnehmerstaaten untereinander stabilisierten. Ist der Wechselkurs zwischen zwei Währungen innerhalb einer Bandbreite stabil oder sogar ganz fest, so sind sie bei Konvertibilität gegenseitig substituierbar. Eine einheitliche Währung ist dann bloß noch ein notarieller Akt, indem er die gegenseitige Substituierbarkeit durch eine einheitliche Währung ersetzt. Der wesentliche Unterschied liegt in der Kündigung begründet. Will ein Land in einer der Vorformen zur Währungsunion einen eigenständigen geld- und finanzpolitischen Kurs fahren, der von dem in der Währungsgemeinschaft vorherrschenden abweicht, so kann es seine Zentralbank anweisen, die Interventionen zur Wechselkursstabilisierung einzustellen. Wird daraufhin die betreffende Währung auf- oder abgewertet, so kann es für die Volkswirtschaft zunächst einen schmerzlichen Anpassungsprozeß geben; öfter wird dieser Schritt aber als Befreiung empfunden, weil nun Geld- und Finanzpolitik auf nationale Belange abgestellt werden können. Ist dagegen eine einheitliche europäische Währung eingeführt worden, so wäre die Kündigung mit einem politischen Erdbeben gleichzusetzen, das die Europäische Integration insgesamt gefährdete.

Diese Vorformen zu einer Währungsunion sind sämtlich gescheitert. Die Gründe waren ganz ähnlich: Die Mitgliedstaaten waren nicht länger bereit, die sich aus den währungspolitischen Spielregeln ergebenden Zwänge für nationale Politiken zu akzeptieren. Hierbei spielten die nationalen Finanzpolitiken eine entscheidende Rolle. Ende der 60er, Anfang der 70er Jahre haben die USA ihre außen- und militärpolitischen Verpflichtungen über eine monetäre Expansion finanziert; als die Mitgliedstaaten diese Politik über Devisenmarktinterventionen nicht länger stützen wollten, brach das BWS auseinander – zunächst 1971, endgültig 1973. Die Mitgliedstaaten der Europäischen Gemeinschaft beschlossen darauf mehrheitlich, die Bandbreiten für die Wechselkurse untereinander auf plus/minus 2,25% zu begrenzen: die „Europäische Schlange". Sie ist schließlich zu einer „teutonischen Rumpfschlange" geschrumpft, weil Italien und Frankreich den aus der ersten Erdölpreisexplosion resultierenden Schocks mit einer nationalen Geld- und Finanzpolitik begegnen wollten, die mit den Pflichten im Rahmen einer Wechselkursunion nicht vereinbar waren.

Beim EWS wollte man es besser machen. Die Vorschriften waren strikter und die gegenseitigen Kreditmöglichkeiten unbegrenzt. Freilich mußten die Kredite verzinst und nach längstens sechs Monaten zurückgezahlt werden, so daß eine autonome Politik nur für eine begrenzte Zeit möglich war; schließlich mußte die eigene Geldpolitik der des Starkwährungslandes angepaßt werden, wenn die Abwertung vermieden werden sollte. Das EWS ist wegen des von ihm ausgehenden Disziplinierungsdruckes auch als

„Trainée-Stadium" für eine ins Auge gefaßte Währungsunion begriffen worden. Doch es kam anders. Weil die deutsche Wiedervereinigung nicht über Steuern und/oder Ausgabenkürzungen, sondern hauptsächlich über den Kapitalmarkt finanziert wurde, stiegen in Deutschland die Zinsen. Die Bundesbank war nicht bereit, durch eine Öffnung der Geldschleusen die staatliche Finanzierung zu erleichtern. Sie machte über ihre Zinspolitik deutlich, daß sie am Ziel einer stabilen Währung festhalte. Das ist ihr als währungspolitischer Imperialismus angekreidet worden. Sie bekam die Hiebe ab, die eigentlich für die Bundesregierung hätten bestimmt sein müssen. Weil die Mitgliedstaaten im EWS aus Gründen nationaler Konjunkturschwäche einem solchen Kurs nicht folgen wollten, wurde das EWS schließlich im August 1993 endgültig durch die Ausweitung der Bandbreiten auf plus/minus 15% faktisch außer Kraft gesetzt. Dabei ist es bis jetzt geblieben. Inzwischen haben sich die Wechselkurse wieder auf die alten Niveaus zubewegt; doch verzichtet man auf die Rückkehr zum ursprünglichen EWS, offensichtlich um der internationalen Spekulation keinen Vorwand zu bieten, die Nachhaltigkeit der Wechselkursversprechen zu testen.

3. **„Ich werde jedenfalls dafür sorgen, daß der Euro so hart wird wie die D-Mark. Das fängt an bei dem klaren Festhalten an den Kriterien, die der Vertrag von Maastricht für den Start der Währungsunion vorgibt... Drei heißt drei" (Theo Waigel 1996, S. 22).**

Abgesehen von den bis ins Detail gehenden Vorschriften zur EWU ist alles andere – so Helmut Schmidt (1996a, S. 28) „wolkig, schwammig": Die gemeinsame Außenpolitik, die gemeinsame Sicherheitspolitik, die institutionelle Korrektur der Organe der Europäischen Union, die Frage der Erweiterung in Richtung Süden, in Richtung Osten – alles bleibe schwammig. Das vom Bundeskanzler im März 1991 geforderte Junktim zwischen Währungsunion und politischer Union ist bis zur Unkenntlichkeit pulverisiert worden (Michael Stürmer 1996). Als Ersatz für eine politische Union können wir das Verfahren ansehen, nur solche EU-Mitgliedstaaten in die EWU aufzunehmen, von deren bisherigem wirtschafts-, geld- und finanzpolitischen Ausweis ein späterer Gleichklang erwartet werden kann. Die hierfür gedachten Konvergenzkriterien schreiben unter anderem Obergrenzen für die staatliche Verschuldung vor: bei laufender Verschuldung nicht mehr als 3% des Bruttoinlandsprodukts, bei aufgelaufener Verschuldung nicht mehr als 60%. Diese Zahlenwerte sind interessanterweise nicht wie die übrigen Konvergenzkriterien im Vertrag, sondern in einem Protokoll aufgeführt („Protokoll über das Verfahren bei einem übermäßigen Defizit"). Sie sind freilich interpretationsfähig, da der Vertrag (Art. 104c Abs. 2) Abweichungen zuläßt. Um einer weichen Interpretation vorzubeugen, hat der Deutsche Bundestag am 2. Dezember 1992 in einer Entschließung festgelegt, die Kriterien „eng und strikt" auszulegen. Das Bundesverfassungsgericht hat das bekräftigt. Daran fühlt sich der Finanzminister offensichtlich gemahnt, wenn er sagt: „Drei heißt drei".

Die Bundesregierung hat nun auf dem Dubliner Gipfel Anfang Dezember 1996 einer Erklärung der EU-Mitgliedstaaten zugestimmt, in der von einer „strikten" Anwendung die Rede ist. Bundesbankpräsident Tietmeyer (1997, S. 2f.) hat diese Festlegung positiv gewürdigt. Doch ist eine „strikte" Auslegung weniger als eine „enge und strikte" Auslegung. Strikt heißt, daß das und nur das als Grundlage für eine Auslegung in Frage kommt, was im Vertrag selbst steht. Wenn dieser Vertragstext keine Ausnahmen zuläßt, dann heißt strikte Anwendung: Keine Ausnahmen. Wenn dagegen der Vertragstext Ausnahmen läßt, dann heißt strikte Anwendung: Ausnahmen werden zugelassen. Das heißt: Die Festlegung des Bundestages ist nicht durch die Dubliner Erklärung gedeckt und damit auch nicht die Aussage Waigels: „Drei heißt drei".

Aber noch nicht einmal eine punktgenaue Landung muß Ausdruck finanzpolitischer Solidität, sondern kann das Ergebnis „kreativer Buchführung" sein. Bilanzverschönerungen Belgiens, Frankreichs und Italiens sind bereits aktenkundig; aber auch die Deutsche Bundesregierung versucht sich in dieser Kunst, indem sie ihren Anteil an Lufthansa-Aktien in Höhe von 3 Mrd. DM bei der Kreditanstalt für Wiederaufbau „parkt".

Entscheidend ist aber, daß die Aufnahme in die EWU kein lediglich notarieller Akt ist, nachdem die Konvergenzkriterien zweifelsfrei erfüllt sind. Vielmehr **bestätigt** der Rat in der Zusammensetzung der Staats- und Regierungschefs – unter Berücksichtigung der Berichte von Kommission und Europäischem Währungsinstitut (EWI) sowie der Stellungnahme des Europäischen Parlaments – **mit qualifizierter Mehrheit**, welche Mitgliedstaaten die notwendigen Voraussetzungen erfüllen (Art. 109 j Abs. 4). Die

Auswahl der Mitglieder der EWU ist also eine politische Entscheidung, die entsprechend den dafür geltenden Gesetzen abläuft. Derzeit sind sich die Regierungen nahezu aller EU-Mitgliedstaaten bewußt, daß auf der entsprechenden Regierungskonferenz im Frühjahr 1998 über die erste und zweite Liga entschieden wird. Alle wollen in die erste Liga – erstens aus Gründen des nationalen Prestiges, zweitens weil hier die Musik spielt und drittens weil man mitspielen möchte. Alle – bis auf Dänemark, Großbritannien und Schweden – wollen zu den Gründungsmitgliedern der EWU gehören. Wenn nach politischem Vernehmen Belgien als Gründungsmitglied fest gebucht ist, obwohl es bei der laufenden Verschuldung nur mittels Bilanzkosmetik in die Nähe der Referenzgröße von 3% rutscht und bei der aufgelaufenen Verschuldung mit knapp 130% vom Bruttoinlandsprodukt auch bei großzügigster Auslegung die Referenzgröße deutlich verfehlt, dann wird man anderen Staaten, die nach ernsthaften Sanierungsbemühungen kaum schlechter dastehen, den Zutritt nicht verwehren können. Zumal Frankreich wird sich für den Beitritt Italiens, Portugals und Spaniens einsetzen, um den südlichen Flügel stark zu machen. Dann wird man es auf einen politischen Krach nicht ankommen lassen. Abgesehen von einem weltweiten Image-Verlust würde nichts dabei herausspringen, da die verhandlungstaktisch bestens geschulte französische Delegation mit der Vorschrift der qualifizierten Mehrheit arbeiten könnte.

Im übrigen haben die Märkte ihr Urteil schon gesprochen. Die großen Anleger gehen davon aus, daß alle beitrittswilligen EU-Mitgliedstaaten beim Start der EWU dabei sein werden. Der Rückgang der Zinsdivergenzen zwischen den EU-Ländern bis auf einen marginalen Rest ist Ausdruck dieser Erwartung; damit gehören sie alle zur Gruppe der Länder mit niedriger Verzinsung. Man stelle sich die Reaktion auf den Kapitalmärkten vor, wenn diese Erwartung enttäuscht würde und die Kapitalanleger ihre Positionen auflösten, weil sie diesen Ländern einen weiteren auf zwei Jahre bemessenen finanzpolitischen Kraftakt nicht zutrauten.

Die maßgeblichen Politiker in der EU haben mit ihren politischen Festlegungen die zunächst skeptischen Anleger und politischen Mitspieler zu einem Engagement in den früheren Hochzinsländern ermuntert. Nun werden sie die Geister, die sie riefen, nicht mehr los. Sollte die deutsche Bundesregierung auf einen Ausschluß der südlichen Mitgliedstaaten drängen, dann wäre der wirtschaftliche Schaden beträchtlich, der politische Schaden wäre womöglich irreparabel. Welchen Sinn machte es dann, Griechenland allein auszuschließen, zumal ein sich politisch zurückgesetzt fühlendes Mitgliedsland den Integrationsprozeß nicht gerade befördern würde? Im übrigen tragen die zukünftigen Noten neben dem lateinischen Schriftzug EURO auch den griechischen: EYPΩ.

4. „... Und das setzt sich fort im Stabilitätspakt, der auf Dauer einen wertbeständigen, harten Euro garantieren wird" (Theo Waigel 1996, S. 22).

Eigenständige nationale Währungen können über flexible oder über stabile Wechselkurse miteinander verbunden sein. Bei flexiblen Wechselkursen wird die Kursfeststellung den Märkten überlassen; die nationalen Geld- und Finanzpolitiken bleiben autonom; die Beurteilung dieser Politiken durch die internationalen Kapitalanleger drückt sich in entsprechenden Wechselkursbewegungen und Risikozuschlägen bei den nationalen Zinssätzen aus. Bewegliche Wechselkurse sind das Ventil für ungleiche Politiken. Auch bei stabilen Wechselkursen werden eine inflationistische Geld- und Finanzpolitik durch Abwanderung bestraft, weil die Kapitalanleger einer erwarteten Abwertung zuvorkommen wollen. Dann sind die Regierungen dieser Länder gezwungen, auf ihre Devisenreserven zurückzugreifen. Irgendwann sind sie dann aber gehalten, entweder ihren geld- und/oder finanzpolitischen Kurs zu ändern oder aber abzuwerten. Insofern steht jede Regierung für die Qualität der eigenen Politik ein.

Ganz anders bei einheitlicher Währung und weiterhin autonomer nationaler Politik. Jetzt gibt es keinen automatischen Sanktionsmechanismus mehr. Bei unsolider Finanzpolitik wird nicht das verursachende Land, sondern die Partnerstaaten werden bestraft, weil sie die Kosten für unsolide Politik in Form höherer Zinsen und Kapitalabwanderung in Drittstaaten mittragen müssen. Damit nun einzelne Staaten nicht auf Kosten anderer ihre unsolide Finanzpolitik betreiben, muß es eindeutige Vorschriften für finanzpolitische Disziplin geben. Ansonsten wird gemeinsames Geld nicht verbinden, sondern spalten: „Sprengsatz war immer das Budget" (Theurl 1995).

Die Vorschriften zum Vollzug der nationalen Finanzpolitiken sind im Maastricht-Vertrag (Art. 104c) nachsichtig formuliert; es sind in der Regel

"Kann-Vorschriften". Eine Vorschrift, die zeigt, wie behutsam mit finanzpolitischen Sündern umgegangen werden soll, sei zitiert (Art. 104c Abs. 8): "Stellt der Rat fest, daß seine Empfehlungen innerhalb der gesetzten Frist keine wirksamen Maßnahmen ausgelöst haben, so kann er seine Empfehlungen veröffentlichen". Kurz: Die Vorschriften zur Finanzpolitik sind zu weich und zu langwierig. Eine Basis für eine solide Finanzpolitik sind sie nicht. Es ist auch zu vermuten, daß schlechte Beispiele Schule machen. In Gruppen wird die zunächst gerade noch tolerierte "Grenzmoral" (Goetz Briefs) zur allgemeinen Norm. Dann aber würde zum politischen Streitpunkt, was bisher über Wechselkursänderungen und unterschiedliche Zinsniveaus ausbalanciert wurde.

Konsequenterweise hätte auf eine Härtung der finanzpolitischen Vorschriften des Maastricht-Vertrages gedrängt werden müssen. Das hätte relativ rasch geschehen können, indem die Kann-Vorschriften des 104c in Muß-Vorschriften geändert und dessen langwierige und komplizierte Sanktionsbestimmungen abgekürzt und gehärtet worden wären. Bei entsprechender politischer Bereitschaft hätten solche Änderungen auf der Maastricht II-Konferenz rasch in den Vertrag eingefügt werden können. Jedoch wurde dieses Verfahren einhellig abgelehnt. Das hieße die "Büchse der Pandora" öffnen. In diesem Sinne sagte der Präsident der EU-Kommission, Jacques Santer (1995): "Es wäre nicht gut, das Thema Wirtschafts- und Währungsunion auf der großen Regierungskonferenz im nächsten Jahr zu behandeln. Wir würden damit die Büchse der Pandora öffnen. Alle Streitfragen lägen erneut auf dem Tisch." Die "Büchse der Pandora" ist ein europäischer Mythos: Weil der Titanensohn Prometheus den Göttern das Feuer gestohlen und den Menschen geschenkt hatte, war die verführerische Pandora von den Göttern geschaffen und auf die Erde geschickt worden, um die Menschen mit ihrer Büchse zu verderben; die Götter vermuteten richtig, daß die Pandora wegen ihrer Schönheit bei den Menschen Aufnahme fände und daß sie dann ihre Büchse würde öffnen können; so entflohen alle nur denkbaren Übel und Krankheiten. Wenn nun aber die Europäische Währungsunion wirklich so gefährlich wie die mythische Büchse der Pandora ist, dann sollte man sich besser darauf gar nicht einlassen, bzw. es wäre besser, sie zu öffnen, bevor man sich darauf eingelassen hat. Politische Klugheit gebietet es, sich gegen mögliche Gefahren zu wappnen und Vorsorge zu treffen. Oder: Die Währungsunion so zu konzipieren, daß sich mögliche Risiken eindämmen und sogar beseitigen ließen. Darum hat sich Waigel mit der Lancierung eines Stabilitätspakts bemüht. Die zentrale Idee des Stabilitätspakts ist die Bestrafung unsolider Finanzpolitik mittels finanzieller Bußen: Bei Überschreiten der Defizitgrenze in Höhe von 3% des BIP sollte automatisch je angefangenen Prozentpunkt ein Viertelprozentpunkt des BIP als Buße entrichtet werden. Das ist schon eine tollkühne Idee: Regierungen Geld wegzunehmen, wenn sie zuvor bereits borgen mußten. Wenn man es recht betrachtet, sollte der Stabilitätspakt disziplinierend wirken, bevor er überhaupt hätte greifen müssen. Die Regierungen hätten akzeptieren müssen, sich ex ante auf eine Finanzierungsregel festzulegen, die einen ausgeglichenen Haushalt hätte sichern können. Dann hätte rezessiven Tendenzen entgegengewirkt werden können, ohne das Defizitkriterium zu verfehlen. Um diese Spielregel ging es letztlich. Die Automatik sollte die Einhaltung dieser Spielregel – prophylaktisch – sichern. Eine Woche vor dem entscheidenden Dubliner Gipfel hat Waigel in einem Fernsehinterview (ZDF, Bonn Direkt, 8. Dezember 1996) gesagt, daß die Verhandlungen zum Stabilitätspakt nicht unter Zeitdruck stünden. Notfalls werde so lange weiterverhandelt, bis die Automatik drinstehe. Eine Woche später war sie draußen. Stattdessen befinden jetzt „Sünder über Sünder" (Hans D. Barbier 1996).

5. **„Der Stabilitätspakt will mit der Rigidität, die der europäischen Vertragsverfassung eigen ist, die Entscheidung über den Rang des Stabilitätszieles definitiv dem politischen Prozeß entziehen. Aber er ist nicht Ausdruck eines politischen Konsenses, sondern Ersatz für fehlenden politischen Konsens. Als Oktroi jedoch ist der Stabilitätspakt nicht nur theoretisch, sondern auch praktisch problematisch: Man muß befürchten, daß er nicht funktioniert" (Peter Graf Kielmannsegg 1997).**

„Nichts sagt so deutlich, aus welchem Holz ein Volk geschnitzt ist, wie das, was es währungspolitisch tut" (Joseph A. Schumpeter 1930/1970, S. 2). Der Maastricht-Vertrag und die entsprechenden Bestimmungen zur Schaffung und Steuerung einer einheitlichen Währung gehen davon aus, daß die Mitgliedstaaten bei Erfüllung der Konvergenzkriterien aus dem gleichen Holz

geschnitzt seien. Als Beweis für die Angleichung der Stabilitätskulturen gilt der Ausweis der Angleichung der Inflationsraten auf denkbar niedrigem Niveau. Dabei wird übersehen, daß die Deutsche Bundesbank bei ihrem Kampf für Geldwertstabilität von verschiedenen politischen Repräsentanten scharf attackiert worden ist; ihr ist angekreidet worden, daß sie ihrem stabilitätspolitischen Auftrag gegenüber europapolitischer Solidarität Priorität gäbe. Ihre Repräsentanten sind deswegen auch persönlich angegriffen worden. Selbst nach faktischer Aussetzung des EWS hat die Bundesbank weiterhin die Ankerfunktion innegehabt. Der Präsident der Banque de France hat an einer Politik des „Franc fort" festgehalten – auch wenn dies innenpolitisch mit erheblichen Pressionen und Schwierigkeiten verbunden war –, um einen mit der Mark vergleichbaren Franc in die EWU zu führen.
Jetzt zeigen sich die Mißverständnisse bei der Etablierung der EWU. Die Holländer und die Deutschen sind davon ausgegangen, daß die bei ihnen bewährte Stabilitätskultur – eine stabile Währung unter Obhut einer unabhängigen Instanz – auf die EWU hätte übertragen werden können, weil die Verfassung der EWU dem deutschen Notenbankinstitut nachempfunden worden sei. Die Diskussion in Frankreich, dessen politische Führung auf den zukünftigen währungspolitischen Kurs wohl entscheidend einwirken wird, zeigt aber, daß diese Stabilitätskultur offensichtlich so fremd ist, daß sie als „System Tietmeyer" charakterisiert wird. Diese Personalisierung einer bestimmten Stabilitätskultur zeigt den Graben, den es zwischen den nationalen Stabilitätskulturen immer noch gibt (Steuer 1997, S. 92). Auch die in deutschen Zeitungen ausführlich zitierten oder zu Wort kommenden Repräsentanten unseres Nachbarlandes lassen deutlich erkennen, daß ihnen die Vorstellung – Geldwertstabilität als eine für alle Gruppen gültige Spielregel zu verstehen, die Notenpresse dem politischen Zugriff zu entziehen und sie einer unabhängigen Institution anzuvertrauen – unbehaglich ist.
Auf genau dieser Idee gründete Waigels Stabilitätspakt. Die Finanzpolitik sollte die Dominanz der Geldpolitik akzeptieren und die Haushalte dermaßen „fahren", daß keine Pressionen auf die Geldpolitik ausgingen und die anderen Teilnehmerstaaten mit einem bestimmten finanzpolitischen Kurs dauerhaft würden rechnen können. Eine solche Haltung ist keineswegs länderübergreifend selbstverständlich. Selbstverständlich ist eher, daß der Souverän, das Volk, über die von ihm bestimmte Regierung genau die Politik betreibt, die jeweils erwünscht wird. Hierzu passen nicht die langfristige

Festlegung und schon gar nicht die Ausrichtung an stabilitätspolitischen Erfordernissen.

Kielmannsegg (1997) macht auf das strategische Dilemma aufmerksam, in das sich die deutsche Bundesregierung zunehmend hineinmanövriert: „Nur der Fortgang der Integration könne Europa die Furcht vor einem hegemonialen Deutschland nehmen, sagt man, deshalb müsse die Währungsunion sein. Um das Projekt aber für die Deutschen selbst akzeptabel zu machen, sieht man sich genötigt, den anderen Europäern ein Stabilitätsdiktat aufzunötigen, das sie als Hegemonie wahrnehmen". Im Ausland wird das sehr genau registriert. Emmanuel Todd (1997) wundert sich über den Eifer der Deutschen, ihrer alten Sehnsucht nach Hegemonie ausgerechnet dadurch abzuschwören, daß sie andere einer Art Stabilitätsdiktatur unterwerfen wollen.

Aber so drückend wird die Diktatur über den Stabilitätspakt wohl nicht werden, erstens weil ihm – so die Gemeinschaft zum Schutz der deutschen Sparer (1997, S. 2) – der Biß fehlt. Zweitens steht der Stabilitätspakt an rechtlicher Qualität dem Maastricht-Vertrag nach, da er wegen fehlender nationaler Ratifizierung völkerrechtlich minderen Ranges ist. Alt-Bundeskanzler Helmut Schmidt (1997) ist dies gerade recht: „Der Stabilitätspakt ist zwar verabredet, aber er wird nie vertraglich bindendes Völkerrecht, weil andere Regierungen vernünftiger sind als die unsrige und ihn nicht juristisch umsetzen werden. Im übrigen: Wenn der Stabilitätspakt schon heute gelten würde, dann müßte Herr Waigel allein in diesem Jahr sieben oder acht Milliarden Mark Strafe zahlen. Daran kann man sehen, was das für ein Unsinn ist".

6. „Es ist notwendig, daß gegenüber der europäischen Zentralbank eine politisch verantwortliche Institution besteht... Das sollte ganz einfach der Europäische Rat sein, d. h. eine politische Macht, die in der Lage ist, der monetären Macht klar die Grenzen ihres Handelns aufzuzeigen... Das ist definitionsgemäß die Macht der Staats- und Regierungschefs, die der monetären Macht ihre Orientierungen gibt" (Jacques Chirac 1996).

Waigels Stabilitätspakt sind aber in Dublin nicht bloß die Zähne gezogen worden, sondern die französische Regierung hat eine Idee lanciert, die für die Unabhängigkeit der Europäischen Zentralbank und für deren Stabilitätspolitik von einschneidender Bedeutung sein wird. Zwar ist im Maastricht-Vertrag (Art. 105 Abs. 1) festgehalten, daß die zukünftige Europäische Zentralbank (EZB) vorrangig der Preisstabilität verpflichtet sei und daß sie die allgemeine Wirtschaftspolitik in der Gemeinschaft unterstütze, soweit dies ohne Beeinträchtigung des Zieles Preisstabilität möglich sei. Diese Passage entspricht den §§ 3 und 12 Bundesbankgesetz. Wir können das Ziel „Geldwertstabilität" als ein Kollektivgut betrachten, weil niemand in der betreffenden Volkswirtschaft oder Gemeinschaft von den Vorzügen der Geldwertstabilität ausgeschlossen werden kann. Freilich ist es leichter, sich abstrakt zu diesem Ziel zu bekennen als konkret die dafür notwendigen Maßnahmen in Form zeitweilig drückender Liquiditätsverknappung und Zinserhöhung zu ertragen. Insbesondere an kürzeren Fristen orientierte Politiker, Gewerkschaftsführer und auch Unternehmensführer sehen in solchen Aktionen oft nicht den notwendigen Weg zu einem von allen herbeigewünschten Ziel, sondern den Weg in ein beschäftigungspolitisches Verhängnis. Zwar hat die Wissenschaft überwiegend den in der Phillips-Kurve erfaßten Zusammenhang von Inflation und Arbeitslosigkeit – wer Arbeitslosigkeit reduzieren wolle, müsse mehr Inflation in Kauf nehmen – als „Phillips-Illusion" (Jürg Niehans 1975, S. 671) entlarvt, doch hat diese Erkenntnis die Welt der Politik in einigen Ländern noch nicht erreicht. Wenn Politik und Verbände Druck ausüben, dann brauchen die geldpolitischen Steuermänner Rückendeckung durch die Öffentlichkeit. Die Stabilitätskultur ist weniger eine Frage der Gesetzgebung und rechtlicher Garantien als eine Frage der Verankerung im öffentlichen Bewußtsein (Peter Schmidhuber 1997, S. 4). Wenn diese fehlt, ist das Durchhalten eines stabilitätspolitischen

Kurses schwer möglich. Die Bundesbank selbst hat als Institution zugegeben, daß sie keine Politik im luftleeren Raum betreibe (1972). Wenn nun der EZB, wie die französische Führung es wünscht, ein Stabilitätsrat zur Seite gestellt wird, der sich um die Verklammerung und Abstimmung von allgemeiner Politik und Geldpolitik kümmert, dann ist das der Weg, die vorrangig auf Geldwertstabilität verpflichtete EZB in die allgemeine Politik einzubinden. Wenn ein Rat aus gewählten Regierungschefs über die Konjunktur- und Beschäftigungsentwicklung debattiert und über die dazu passende Geldpolitik befindet, so ist das kein unverbindliches Geschwätz, sondern ein Votum, das höherrangig nicht legitimiert sein könnte. Auf Dauer werden von den Regierungen entsendete Währungsexperten darüber nicht kommentarlos zur Tagesordnung übergehen können.

Die Intention der Einbindung der EZB in die allgemeine Politik entspricht der französischen Stabilitätskultur. Mitterand hat ein entsprechendes institutionelles Arrangement unmittelbar vor dem französischen Referendum über den Maastricht-Vertrag vorgestellt, um den Franzosen die Angst vor einer europäischen Bundesbank zu nehmen; Jacques Chirac (1996), der französische Staatspräsident, hat Mitterands Konzeption in seiner Ansprache an die Franzosen erneut aufgegriffen. Aufschlußreich ist auch ein Blick in die französische Notenbankverfassung. Allgemein wird angenommen, daß die Banque de France im Vorgriff auf die EWU in die Unabhängigkeit entlassen worden sei. In der Tat ist die Parallelität zwischen deutschem und französischem Notenbankstatut unverkennbar; doch gibt es einen gravierenden Unterschied: Bei der Vorschrift – „Die Banque de France erfüllt ihre Aufgabe im Rahmen der allgemeinen Wirtschaftspolitik der Regierung" (Artikel 1) – fehlt die erläuternde und einschränkende Formel des Bundesbankgesetzes: „Die Deutsche Bundesbank ist verpflichtet, unter **Wahrung ihrer Aufgabe** die allgemeine Wirtschaftspolitik der Bundesregierung zu unterstützen". Genau diese Einschränkung ist für die geldpolitische Autonomie konstitutiv. Der französische Ministerpräsident Juppé (1996) hat präzise gesagt, in welche Richtung sich der Stabilitätsrat bewegen soll: „Ich will einen fairen Euro, um kräftiges Beschäftigungswachstum zu erreichen". Damit wäre die Geldpolitik politisiert.

Das wird hier so deutlich dokumentiert, nicht um die französische Regierung oder die Franzosen als unsichere stabilitätspolitische Kantonisten bloßzustellen, sondern um Klarheit zu schaffen. Jede Regierung ist in ihrem

Land zuerst für die nationalen Belange zuständig; dafür wird sie gewählt oder abgewählt. Wenn für sie die politische Kontrolle über das Notenbankgremium deswegen unumgänglich ist, so ist das zu konstatieren, nicht zu be- oder zu verurteilen. Daraus folgt, daß es um die gemeinschaftliche Geldpolitik zum Streit kommen wird, wenn andere Regierungen geltend machen, auf einer anderen Geschäftsgrundlage verhandelt zu haben – so Wim Duisenberg (1997), designierter Chef des EWI. Oder aber der Euro wird nach einigen Hinhaltegefechten weich.

Und man täusche sich nicht: Geldwertstabilität als eine Spielregel, die auch der Finanzpolitik vorgegeben ist – das ist in der EU eine Minderheitenposition. Das Europäische Parlament hat bereits für die Aufnahme eines beschäftigungspolitischen Artikels in den Vertrag votiert; die Europäische Kommission ist dafür, so deren Generalsekretär David Williamson (1995), und auch die meisten EU-Staaten einschließlich Österreich.

7. „Integration heißt auch Kommunikation; und Bauern wie Arbeitnehmer der rückständigen Regionen wissen längst, wie es um die Realeinkommen und den Lebensstandard der Kollegen in den glücklicheren EU-Regionen bestellt ist – besser. Sie reklamieren diesen EU-Standard auch für sich, denn sie verstehen sich nicht als Europäer zweiter Klasse" (Wilhelm Hankel 1995, S. 159).

Oft wird die EWU mit einer Intensivierung des Wettbewerbs gleichgesetzt oder zumindest in Beziehung gebracht. Und mancher, der sonst der EWU skeptisch gegenübersteht, mag hierin eine Chance sehen, die verkrusteten Sozialstrukturen aufzubrechen, wozu den politisch Verantwortlichen in unserem Lande offensichtlich der Mut, der lange politische Atem, vielleicht auch der Durchsetzungswillen fehlen. In der Tat haben Initiativen der Europäischen Kommission Märkte geöffnet, an deren fortdauernder Schließung Politik und auch Hoflieferanten zumindest teilweise interessiert gewesen waren. Doch liegen die Dinge im sozialen Leistungsbereich anders. Auf europäischer Ebene will man ja gerade das „europäische Sozialmodell" bewahren; man will es über eine aktive Beschäftigung stützen – so der Wirtschaft- und Sozialausschuß (1995) als beratendes Organ der EU. Aus dieser Perspektive wird die EWU geradezu als eine Entlastung für den Arbeitsmarkt angesehen, weil wegen des Wegfalls von Transaktions- und Informationskosten (z.B. Kurssicherungskosten) mehr Mittel für investive Zwecke verblieben; wegen wegfallender Auf- und Abwertungen müßten auch nicht länger betriebliche Investitionen abgeschrieben werden, und Unternehmen könnten auf lange Sicht planen.

Es wird eher an anderer Stelle Druck geben. Man wird davon ausgehen müssen, daß sich innerhalb der EU auch zukünftig die regionalen Produktivitäten unterschiedlich entwickeln und daß globale Schocks (wie die Erdölpreiserhöhungen), europäische Schocks (wie die deutsche Wiedervereinigung) oder nationale Schocks (wie flächendeckende nationale Streiks) einen regional differenzierten Einsatz der Geld- und Finanzpolitik nötig machen könnten. Da Wechselkurs- und Geldpolitik als nationale Aktionsparameter ausfallen und die nationale Finanzpolitik nur noch beschränkt eingesetzt werden kann, liegt das Schwergewicht der Anpassung auf der Lohnpolitik. Insofern ist ein elastisches Reagieren auf den Arbeitsmärkten unumgänglich; bei Krisen heißt das: Reallohnkürzungen. Aus Erfahrung wissen wir, daß hier die Reagibilität schwach ausgebildet ist. Allgemein wird angenommen, daß der Anpassungsbedarf in den peripheren Gebieten stärker ist. Doch wissen die Bürger hier auch, um wieviel höher das Einkommen in den zentralen Regionen liegt; daß die Lebenshaltungskosten dort aber deutlich höher sind, wird leicht übersehen.

Sicherlich wären Reallohnsenkungen auf mittlere und längere Sicht auch bei Einsatz der Geldpolitik oder Finanzpolitik nicht zu vermeiden – entweder in Form einer höheren Inflationsrate oder stärkerer steuerlicher Belastung; aber die Merklichkeit wäre geringer, und Schuldzuweisungen wären schwerer möglich. Da die Nominaleinkommen in diesen Ländern bereits deutlich unter dem EU-Durchschnitt liegen, wäre das Verständnis für merkliche Reallohnkürzungen zum Erhalt von Arbeitsplätzen nur schwer zu vermitteln. Aus der Perspektive der politischen Ökonomie ist eher zu erwarten, daß der Druck nach Brüssel weitergeleitet wird; schließlich hat ja die Abgabe der geldpolitischen Kompetenz erst in dieses Dilemma geführt. Die Erwartung Olaf Sieverts (1996), in einer Währungsunion, in der nationale Regierungen das benötigte Geld nicht selbst herstellen könnten, wäre ein allgemein wettbewerbsorientiertes Verhalten zu erwarten, stimmt nicht mit dem theoretischen Sätzen der Neuen Politischen Ökonomie und auch nicht mit den empirisch erfahrbaren Verhaltensweisen überein.

Überhaupt ist über das Phänomen, daß nun die Lohnzahlungen einheitlich in Euro ausgedrückt werden, und über die daraus resultierende Dynamik noch nicht genügend nachgedacht worden. Vielleicht sagen sich die politisch Verantwortlichen auch hier: Laßt uns lieber die Büchse der Pandora verschlossen halten. Nun lassen sich Lohndifferenzen auch über die Wechselkurse berechnen. Eine Einheitswährung ließe bloß den Rechenvorgang wegfallen. Doch bedeuten unterschiedliche Währungen auch, daß sie für ein anderes Land, für eine andere Produktivität und für eine andere Kultur stehen. Gibt es dagegen eine einheitliche Währung, dann würde dieses Bewußtsein der Andersartigkeit in den Hintergrund rücken.

Als Ökonomen vor der (zu) raschen Lohnanpassung in den neuen Bundesländern gewarnt haben – dort wurde nach vier Jahren das US-Niveau erreicht (Starbatty 1996, S. 184) –, so ist dies damals aus politischen Gründen zurückgewiesen worden: Man könne in einem einheitlichen Staatsgebiet unterschiedliche Lohnniveaus nicht durchhalten. Wenn die Produktivitätsniveaus unterschiedlich sind und vorerst unterschiedlich bleiben, dann sind Arbeitslosigkeit und anhaltend hohe Transfers die Folge dieser politisch motivierten, aber ökonomisch falschen Entscheidung. Es ist nicht unwahrscheinlich, daß sich bei einheitlicher Währung eine vergleichbare Diskussion ergeben wird: In einem Wirtschaftsgebiet mit einheitlicher Währung ließen sich unterschiedliche Lohnniveaus nicht durchhalten. Natürlich stimmt auch hier die ökonomische Logik nicht; aber das wird von Politikern leicht vernachlässigt, zumal bei der Entscheidung für den Euro die Politik und nicht die Ökonomik im Vordergrund steht.

8. **„Die politische Solidarität spielt unter den Regionen Italiens, der USA und des wiedervereinigten Deutschlands eine nicht zu unterschätzende Rolle. Es besteht in allen drei Staaten der Konsens, einzelnen Regionen bei wirtschaftlichen Schwierigkeiten durch Finanztransfers und durch eine geringere Steuerbelastung unter die Arme zu greifen" (Markus Lusser 1996, S. 196).**

Bewegliche Wechselkurse steuern unterschiedliche Produktivitätsentwicklungen aus. Eine Volkswirtschaft kann bei niedrigerer Produktivitätsentwicklung seine Wettbewerbsfähigkeit über eine Abwertung erhalten oder wiedergewinnen. Fällt der Wechselkurs als bewegliches Scharnier aus, so muß die Anpassung über andere Politikparameter gefunden werden. Diese Feststellung macht auf zwei Schwierigkeiten bei und nach Etablierung des Euro aufmerksam: Die Wahl des richtigen Wechselkurses und die auf Ewigkeit angelegte Beibehaltung des vereinbarten Wechselkurses.

Zunächst zur Frage des Wechselkurses. Zur Zeit beobachten wir auf den internationalen Kapital- und Devisenmärkten zwei unterschiedliche Phänomene, die aber einen inneren Zusammenhang aufweisen: Das Verschwinden der Zinsdivergenzen innerhalb der EU und die weltweite Abwertung der Deutschen Mark. Wenn es später eine einheitliche Währung gibt, dann entfallen Zinsniveaudifferenzen auf Grund unterschiedlicher Inflationsraten. Wenn alle Währungen der EU-Staaten im einheitlichen Euro aufgehen, dann ist es aus ökonomischer Sicht ratsam, sich jetzt von der Mark zu trennen, falls mit einer minderen Qualität des Euro gerechnet wird. Die damit verbundenen gesamtwirtschaftlichen Wirkungen sind in ihren Konsequenzen für die Regierungskonferenz, auf der über die Einführung des Euro Einvernehmen hergestellt wird, noch nicht recht erfaßt.

Der Rückgang des Zinsniveaus in Spanien, Portugal und Italien wird bei Neuverschuldung als eine Erleichterung empfunden; Alt-Kontrakte, die auf höhere Zinsen lauten, sind entsprechend aufgewertet worden. Das ist für die Alt-Gläubiger (Sparer) ein unverhofftes Geschenk. Für die Alt-Schuldner ist das eine unerwünschte Belastung. Da Unternehmen per Saldo zu den Alt-Schuldnern gehören, wird diese Umverteilung deren Rentabilität drücken und somit ihre Startchancen in der EWU verschlechtern. Hinzu kommt noch die Aufwertung ihrer Währung gegenüber der Mark. Umgekehrt verhält es sich in Deutschland: Hier ist die Abwertung als Konjunkturstimulanz willkommen. Im Maastricht-Vertrag wurde die Festlegung des Umtauschkurses von nationaler Währung in Euro offensichtlich als unproblematisch angesehen. Im Art. 109 l Abs. 4 heißt es: Der Rat nimmt auf einstimmigen Beschluß der Mitgliedstaaten die Umtauschkurse, auf die ihre Währungen unwiderruflich festgelegt werden, sowie die unwiderruflich festen Kurse, zu denen diese Währungen durch die ECU ersetzt werden, an. Die Verhandler gingen seinerzeit wohl davon aus, daß sich die Wechselkurse im Rahmen des EWS auf einem Gleichgewichtsniveau eingependelt hätten und daß die Festlegung der endgültigen Umtauschkurse nicht viel mehr als ein notarieller Akt sei. Wie es jetzt aussieht, wird es um die Festsetzung noch politische und ökonomische Irritationen geben.

Sollten bei der endgültigen Festlegung nicht die Gleichgewichtskurse zugrundegelegt worden sein, die freilich ex ante niemand exakt bestimmen kann, und sollten im späteren Verlauf unterschiedliche Produktivitätsverläufe eine Wechselkursänderung erzwingen, was mit Sicherheit prognostiziert werden kann, dann müßten die betreffenden Standorte wegen ausbleibender Wechselkurskorrekturen an Attraktivität verlieren; die zum Aufbau und zum Ausgleich der Produktivitätsniveaus notwendigen Kapitalzuströme und Technologieschübe blieben aus.

Auch in Nationalstaaten gibt es unterschiedliche regionale Produktivitätsniveaus – erkennbar an regionalen Handelsbilanzsalden, an unterschiedlicher Infrastrukturausstattung und an unterschiedlichen Arbeitslosenziffern. Die regionalen Produktivitätsdifferenzen werden teils über Lohnniveaudifferenzen, teils über den interregionalen Finanzausgleich eingeebnet. Daher prognostizieren Ökonomen für die EWU einen starken Bedarf an Finanzausgleichsmitteln. Wahrscheinlich würden dann, wenn wir die Umverteilungsergebnisse der Kohäsionspolitik hochrechnen, die bisherigen Nettozahler noch einmal belastet.

Von den mit der Materie befaßten politisch Verantwortlichen wird dies mit dem Hinweis auf Art. 104 b Abs. 1 bestritten: Die Gemeinschaft hafte nicht für die Verbindlichkeiten der regionalen oder lokalen Gebietskörperschaften und trete nicht für derartige Verbindlichkeiten ein („no bail out-Klausel"). Wie sich eine solche Klausel in der späteren Praxis auswirken wird, steht auf einem anderen Blatt: Die Gemeinschaft wird es sich nicht leisten können, eine Zentralregierung oder eine nachgeordnete Körperschaft einfach fallen zu lassen, da so die Währungsunion bedroht ist oder der Euro wegen Kapitalflucht auf den internationalen Märkten unter Druck gerät. Im übrigen gibt es bereits nach Art. 103 a die Möglichkeit eines finanziellen Beistands, wenn ein Mitgliedstaat aufgrund außergewöhnlicher Ereignisse, die sich seiner Kontrolle entziehen, von Schwierigkeiten betroffen ist. Es dürfte für den Europäischen Gerichtshof nicht schwierig sein, aus dieser Vorschrift mehr herauszuholen.

9. „Verschieben heißt abbrechen. Jemand, der glaubt, man könne den Termin verschieben, soll sich mal vorstellen, wie Herr Waigel zwei weitere Jahre herumfummeln will mit seinen drei Prozent, die er nicht erreichen kann" (Helmut Schmidt 1997).

Wieso heißt verschieben abbrechen? Wenn alle EU-Mitgliedsländer vom Erfolg des Euro überzeugt sind und wenn die Politik der europäischen Einigung und die währungspolitische Einbindung Deutschlands in Form der Einführung des Euro eine Sache von Krieg und Frieden sind, wie Kanzler Kohl (1996) glauben machen möchte, dann sind die Voraussetzungen auch noch nach einer Verschiebung gegeben. Auch Schmidt müßte das eingestehen. Er plädiert aus politischer Sicht auch für den Euro, um ein Gegengewicht gegenüber dem Dollar zu schaffen, da stabilere Währungen wie die DM unter ständigem Aufwertungsdruck stünden und deswegen weniger Beschäftigung realisieren könnten (Schmidt 1996b). Die EU dagegen könnte mit dem Euro gemeinschaftlich ihre politische und ökonomische Kraft ins Feld führen und den Kurs politisch bestimmen. Daß das ökonomisch hinkt, ist hier nicht maßgebend. Entscheidend ist: Wenn das so wäre, dann wäre das Interesse der EU-Staaten auch nach einer Verschiebung aktuell. Aufschlußreich ist die Begründung, die Schmidt selbst liefert: Sollten die EU-Mitgliedstaaten noch zwei Jahre zu einer Sparpolitik im Sinne der Maastricht-Kriterien verpflichtet werden, so würden sie das politisch nicht überleben. Das würde aber gelten, ob sie nun zu den Mitgliedern der EWU gehörten oder ob sie noch in der Warteschlange wären. Also müßte man daraus schließen, daß sie sich nach Aufnahme in die EWU nicht länger an die Defizitgrenzen des Maastricht-Vertrages gebunden fühlen. Diese Folgerung paßt auch zu Schmidts Einschätzung von Waigels Stabilitätspakt. Das würde aber heißen, daß die EWU Gefahr läuft, mit einem fundamentalen geld- und finanzpolitischen Dissens zu starten. Roland Berger (1997) plädiert genau deswegen für eine Verschiebung: „Ich bin sehr für einen Euro, aber eben erst als Abschluß einer einheitlich und konvergent vorangetriebenen Wirtschafts-, Geld- und Fiskalpolitik". Wenn die Währungsunion schon so problematisch sei, dann solle sie nicht mit Druck eingeführt worden: „Wenn der Euro ein Flop wird, dann kann das wirklich das Ende der europäischen Einigung bedeuten".

Wim Duisenberg (1997) hält dagegen eine Verschiebung des Starttermins sogar für vertragswidrig: Verschieben bedeute, daß man den Maastrichter Vertrag neu verhandeln müsse. Wenn das so wäre, dann müßte doch die politische Devise – Stabilität sei wichter als der Terminplan (Stark 1996) – falsch oder eine bewußte Vernebelung eines Sachverhalts sein. Nun ist die Verbindlichkeit des Terminplans auch vom Bundesverfassungsgericht geprüft worden. Es kommt zu dem Ergebnis, daß sich die Bundesrepublik mit der Ratifikation des Unions-Vertrages keinem unüberschaubaren, in seinem Selbstlauf nicht mehr steuerbaren „Automatismus" zu einer Währungsunion unterwerfe (1993).

Es kann nicht Sinn von Verträgen sein, die Vertragsparteien ins Verhängnis zu stürzen. Warum sollte es also nicht möglich sein, auf der Regierungskonferenz vom Rat bestätigen zu lassen, den Beginn um drei Jahre zu verschieben. Duisenberg (1997) glaubt, daß dann der Vertrag neu ausgehandelt werden müßte, weil jedes Land dann vieles mehr als nur die Daten ändern wolle: „Der politische Impetus, den wir in der zweiten Hälfte der 80er Jahre hatten, besteht nicht mehr". Ähnlich urteilt auch der frühere Präsident des Europäischen Parlaments, Klaus Hänsch (1995): „Wer diesen Sack aufmacht, bekommt schlechtere und nicht bessere Bedingungen". Die Gegner der Verschiebung befürchten also, daß sich bei einer Neuverhandlung die politischen Meinungsverschiedenheiten nicht länger verbergen ließen und daß es deswegen nicht zur EWU komme. Sollte diese Einschätzung wirklich gerechtfertigt sein, dann wäre es sogar besser so. Es wäre unverantwortlich, mit dem Bewußtsein in die EWU hineinzugehen, daß es eventuell schiefgehen könnte.

10. „Nichts ist gegen eine seriöse Kritik einzuwenden, aber wenn Wissenschaftler unbewiesene Behauptungen aufstellen, wird die öffentliche Diskussion vergiftet" (Jürgen Stark 1997).

Stark, Staatssekretär im Bundesfinanzministerium, hat diese Aussage nicht substantiiert oder begründet. Daher muß man erschließen, was er gemeint haben könnte. Normalerweise neigen Wissenschaftler weniger als Politiker zu unbewiesenen Behauptungen, wenn sie sich auf ihrem eigenen Fachgebiet bewegen; das hängt damit zusammen, daß sie über einen vergleichsweise hohen Informationsstand verfügen und in der wissenschaftlichen Fachwelt einen Ruf zu verlieren haben. Gemeint hat Stark wohl, daß Wissenschaftler Aussagen über zukünftige Entwicklungen im Rahmen der EWU gemacht haben. Solche Aussagen sind notgedrungen prognostischer Natur. Man kann sie dann – polemisch – eine unbewiesene Behauptung nennen. Auch die hier getroffene Aussage, die Währungsunion lasse sich auf Dauer ohne Aufgabe der „no bail out-Klausel" nicht aufrechterhalten, zählt zu dieser Kategorie von Aussagen. Das gilt aber auch für die politische Behauptung, in der zukünftigen EWU werde man an dieser Klausel festhalten. Zieht man die ökonomische und auch die politische **Logik** und zusätzlich empirisches Material heran, dann dürfte die Vermutung der Entstehung eines irgendwie gearteten finanziellen Fallschirms die zutreffendere sein. Es sei kaum vorstellbar – so Thomas Mayer (1997), Chef-Ökonom von Goldman Sachs für Deutschland –, daß die Mitgliedsländer der Währungsunion einen souveränen Schuldner in finanzielle Schwierigkeiten geraten ließen. Und genau das würden die Marktteilnehmer schnell durchschauen, so daß sich Unterschiede in der Kreditwürdigkeit aus Sicht der Marktteilnehmer nivellierten.

Wenn man die Auslobungen der EWU und des Euro in den großen, vom Steuerzahler finanzierten Anzeigen der Bundesregierung analysiert, dann könnte man eher auf die Idee kommen, hier handele es sich um unbewiesene Behauptungen. Sollte man jetzt – bezogen auf diese Anzeigen – sagen dürfen, sie vergifteten die öffentliche Diskussion? Oder nehmen wir die oft variierte Feststellung des Bundeskanzlers, die Politik der europäischen Einigung – und damit die Einführung des Euro als Herzstück dieses Prozesses – sei eine Frage von Krieg und Frieden (1996). Unter welche Kategorie fällt diese Feststellung: Tatsache, beweisbare Behauptung, unbewiesene Behauptung?

Literaturverzeichnis

Barbier, Hans D. (1996), Sünder über Sünder, FRANKFURTER ALLGEMEINE ZEITUNG vom 17. Oktober 1996.
Berger, Roland (1997), „Euro auf Wiedervorlage", Interview, DIE WOCHE vom 7. Februar.
Bundesverfassungsgericht (1993), Leitsätze zum Urteil des Zweiten Senats vom 12. Oktober 1993 (-2BvR 2134/92,-2BvR 2159/92-), Ziffer C.

Chirac, Jacques (1996), Fernsehansprache an das französische Volk am 12. Dezember 1996. Das Zitat ist abgedruckt in: Gemeinschaft zum Schutz der deutschen Sparer, Mitteilungen und Kommentare zur Geldwertstabilität, Nr. 2 vom 25. Februar 1997, S. 4.

Deutsche Bundesbank (1972), Monatsbericht August.

Deutsche Bundesbank (1992), Monatsbericht Februar.

Duisenberg, Wim (1997), Stabilitätsrat als feste Institution abgelehnt. Gespräch mit dem designierten EWI-Präsidenten Duisenberg, abgedruckt in: Deutsche Bundesbank, Auszüge aus Presseartikeln, Nr. 8 vom 10. Februar 1997.

Gemeinschaft zum Schutz der deutschen Sparer (1997), Mitteilungen und Kommentare zur Geldwertstabilität, Nr. 1/1997.

Giscard d'Estaing,Valéry (1997), Frankreich will keine Verschiebung des Euro. Bericht (gb) der FRANKFURTER ALLGEMEINEN ZEITUNG, Nr. 64 vom 17. März 1997.

Hankel, Wilhelm (1995), Das große Geldtheater. Über DM, Dollar, Rubel und Ecu, Stuttgart.

Hänsch, Klaus (1995), Hänsch gegen neue Beitrittskriterien. Brüderles Vorstoß zur Währungsunion widersprochen. Bericht der FRANKFURTER ALLGEMEINEN ZEITUNG vom 27. September 1996.

Herz, Bernhard (1994), Währungspolitische Asymmetrie im Europäischen Währungssystem, Baden-Baden.

Juppé, Alain (1996), „Entre nous". Der Satz ist zitiert in: DEUTSCHE SPARKASSENZEITUNG, Nr. 99 vom 20. Dezember 1996, S. 3.

Kielmannsegg, Peter Graf (1997), Der Oktroi. Mit dem Stabilitätspakt überfordern die Deutschen alle, FRANKFURTER ALLGEMEINE ZEITUNG vom 18. Februar 1997.

Kohl, Helmut (1996), Rede des Bundeskanzlers anläßlich der Verleihung der Ehrendoktorwürde durch die Katholische Universität Löwen am 2. Februar 1996, abgedruckt in: BULLETIN, Presse- und Informationsamt der Bundesregierung, Nr. 12 vom 8. Februar 1996.

Larosière, Jacques de (1992), Wir wollen unsere Souveränität behalten, abgedruckt in: Deutsche Bundesbank, Auszüge aus Presseartikeln, Nr. 7 vom 28. Januar 1992.

Lusser, Markus (1996), Nationale Geldpolitik zwischen Regionalisierungs- und Globalisierungstendenzen, in: Biskup, Reinhold (Hrsg.), Globalisierung und Wettbewerb, Bern-Stuttgart-Wien.

Mayer, Thomas (1997), Mit dem Euro geraten die staatlichen Kapitalnehmer unter Druck. Bericht von Inge Klöpfer (ink.), FRANKFURTER ALLGEMEINE ZEITUNG vom 1. März 1997.

Müller-Armack, Alfred et al. (1971), Stabilität in Europa. Strategien und Institutionen für eine europäische Stabilitätsgemeinschaft, Schriftenreihe der Ludwig-Erhard-Stiftung, Bd. 1, Düsseldorf und Wien.

Niehans, Jürg (1975), Stabilisierung in einer offenen Volkswirtschaft, in: Stabilisierungspolitik in der Marktwirtschaft, Schriften des Vereins für Socialpolitik, N.F. Bd. 85/I, Berlin.

Proissl, Wolfgang (1997), Weltmacht-Träume um den Euro. Der Wind in Frankreich hat gedreht. Der Streit um die Europäische Zentralbank nimmt zu, DIE ZEIT vom 31. Januar 1997.

Santer, Jacques (1995), „Niemand will eine Esperanto-Währung", Interview, abgedruckt in: Deutsche Bundesbank, Auszüge aus Presseartikeln, Nr. 53 vom 27. Juli 1995.

Schmidhuber, Peter (1997), Die Europäische Wirtschafts- und Währungsunion – ein deutsches Projekt?, abgedruckt in: Deutsche Bundesbank, Auszüge aus Presseartikeln, Nr. 7 vom 3. Februar 1997.

Schmidt, Helmut (1996a), Spiegel-Gespräch: „Den Knüppel vergraben". Alt-Bundeskanzler Helmut Schmidt über die Chancen der Währungsunion und Deutschlands Rolle in Europa, DER SPIEGEL 1/1996, S. 27-30.

Schmidt, Helmut (1996b), Die Bundesbank – kein Staat im Staate, DIE ZEIT vom 8. November 1996.

Schmidt, Helmut (1997), Deutschland braucht den Euro, in: RHEINISCHER MERKUR vom 31. Januar 1997.

Schumpeter, Joseph A. (1930/1970), Das Wesen des Geldes. Aus dem Nachlaß herausgegeben und mit einer Einleitung versehen von Fritz Karl Mann, Göttingen.

Sievert, Olaf (1996), Ein Gespräch mit Prof. Olaf Sievert, Präsident der Landeszentralbank Sachsen und Thüringen, zur Europäischen Währungsunion, abgedruckt in: Deutsche Bundesbank, Auszüge aus Presseartikeln, Nr. 35 vom 4. Juni 1996.

Starbatty, Joachim (1996), Die deutsche Wiedervereinigung – politisch richtig, wirtschaftlich falsch? in: Heckel, Martin (Hrsg.), Die innere Einheit Deutschlands inmitten der europäischen Einigung, Tübingen, S. 173-188.

Stark, Jürgen (1996), Stabilität ist wichtiger als der Zeitplan. Unter den EU-Finanzministern sind vor allem die Sanktionen in Waigels Stabilitätspakt umstritten. Bericht von Peter Hort (Ho), FRANKFURTER ALLGEMEINE ZEITUNG vom 12. November 1996.

Stark, Jürgen (1997), EU-Finanzminister sehen Anzeichen für Aufschwung. Bericht von Peter Hort (Ho), FRANKFURTER ALLGEMEINE ZEITUNG vom 18. Februar 1997.

Steuer, Werner (1997), Gibt es eine europäische Stabilitätskultur, WIRTSCHAFTSDIENST 1997/II, S. 86-93.

Stürmer, Michael (1996), Deutschlands Skepsis gegenüber dem Nationalen. Ein Problem bei der Europäischen Integration, NEUE ZÜRCHER ZEITUNG vom 5. Januar 1996.

Theurl, Theresia (1995), Sprengsatz war immer das Budget. Vorläufer der Europäischen Währungsunion scheiterten an der Etatfinanzierung souveräner Staaten, FRANKFURTER ALLGEMEINE ZEITUNG vom 12. August 1995.

Tietmeyer, Hans (1997), Geldwertstabilität und Soziale Marktwirtschaft im Zeitalter globaler Märkte. Zum hundertsten Geburtstag von Ludwig Erhard, abgedruckt in: Deutsche Bundesbank, Auszüge aus Presseartikeln, Nr. 3 vom 15. Januar 1977.

Todd, Emmanuel (1997), Kein Euro für Europa. Stabil oder souverän – Emmanuel Todd zu Gast bei den Grünen in Frankfurt. Bericht von Konrad Adam, FRANKFURTER ALLGEMEINE ZEITUNG vom 25. Februar 1997.

Waigel, Theo (1996), Ich gehe meinen Weg. Spiegel-Gespräch, DER SPIEGEL, Nr. 47/1996.

Williamson, David (1995), Beschäftigung und Umwelt in den Vertrag. Interview mit dem Generalsekretär der Europäischen Kommission, EUR-OP NEWS, Jg. 5, Nr. 1.

Wirtschafts- und Sozialausschuß (1995), Wege aus der Arbeitslosigkeit. WSA sieht EU-Beschäftigungspolitik als vorrangig an, EUR-OP NEWS, Jg. 5, Nr. 1, S. 2.

II. Sozialunion

Freizügigkeit im Europäischen Sozialraum

Fritz-Heinz Himmelreich

Zunächst darf ich den Veranstaltern für die freundliche Einladung zu diesem Symposion danken. Ich brauche nicht zu betonen, daß die Soziale Marktwirtschaft zu den Grundpositionen der Arbeitgeber in der Bundesrepublik gehört. Es ist daher ein Grundanliegen der Arbeitgeber, die Soziale Marktwirtschaft auch in Europa zu festigen und zu vertiefen. Ich nutze daher gerne die Gelegenheit, die Zielsetzungen der Gastgeber mit einem Referat zu unterstützen.

Ich muß im einzelnen nicht kommentieren, daß Deutschland der europäischen Einigung viel zu verdanken hat. Die Integration in die westliche Allianz und die Gründung der Europäischen Gemeinschaft haben nach einem „total" geführten und „total" verlorenen Krieg den Rückweg in die Völkergemeinschaft geebnet und damit letztlich auch die Wiedervereinigung unseres Landes ermöglicht. Zu Recht ist daher Europa für die Deutschen in sehr viel stärkerem Maß als in anderen europäischen Staaten mit positiven Bezügen belegt. Für uns gibt es keine Alternative zur europäischen Integration. Dies ergibt sich zwingend aus der politischen Lage unseres Landes, es ist jedoch auch aus wirtschaftlichen und sozialen Gründen richtig.

Wir müssen jedoch sehen, daß es gegen weitere Integrationsschritte in einigen Ländern erheblichen Widerstand gibt. Europa kann nur im Konsens gebaut werden. Daher müssen die Schritte so bemessen sein, daß die Mitgliedstaaten bereit sind mitzumachen. Die in Maastricht gefundene Lösung eines opting-outs für Großbritannien bezüglich der Sozialpolitik der Union, wie sie im Protokoll und Abkommen über die Sozialpolitik vereinbart worden ist, spaltet die Gemeinschaft und sollte beendet werden, ehe ein umfangreiches, gespaltenes Gemeinschaftsrecht sich entwickeln kann. Ein solches Ziel, die Wiedereinbeziehung des Vereinigten Königreiches in die Sozialpolitik, wird jedoch nur schwer zu erreichen sein, wenn neue sozialpolitische Forderungen und Kompetenzübertragungen an die Union in der laufenden Regierungskonferenz angestrebt werden.

Es liegt mir viel daran, daß diese skeptische Haltung nicht mißverstanden wird: Die Bundesvereinigung Deutscher Arbeitgeberverbände ist nicht gegen die europäische Sozialpolitik schlechthin; im Gegenteil, sie befürwortet die soziale Dimension des Europäischen Binnenmarktes. Europäische Sozialpolitik muß aber kompatibel sein mit den historisch gewachsenen, sehr unterschiedlichen Sozialordnungen der Mitgliedstaaten und mit deren unterschiedlicher Wirtschaftskraft. Das bedeutet zweierlei:

> Erstens muß das Prinzip der Subsidiarität respektiert werden; d. h. auf europäischer Ebene sollten nur solche sozialpolitischen Probleme gelöst und Maßnahmen getroffen werden, die grenzüberschreitender Natur sind und nicht auf nationaler Ebene besser getroffen werden können.

> Zweitens sollte europäische Sozialpolitik über die Verabschiedung von Mindestnormen erfolgen, die insbesondere auch weniger entwickelte Mitgliedstaaten nicht überfordern dürfen.

Die Bundesvereinigung hat ihr Engagement für eine solche europäische Sozialpolitik mit Augenmaß schon frühzeitig dokumentiert. Im Jahre 1989 verabschiedete sie gemeinsam mit dem Deutschen Gewerkschaftsbund und dem Bundesministerium für Arbeit und Sozialordnung ein sogenanntes 9-Punkte-Programm, das nach gemeinsamer Auffassung Vorschläge für europäische Mindeststandards im Bereich der Sozialpolitik zum Inhalt hatte. Zu diesen 9 Punkten zählte ein Jahresurlaub von 4 Wochen, der Schutz von Kindern und Jugendlichen, Mutterschutz, die Eingliederung Behinderter, Entgeltfortzahlung an Feiertagen und im Krankheitsfall, Gesundheitsschutz und Sicherheit am Arbeitsplatz sowie die Regelung grenzüberschreitender gewerbsmäßiger Arbeitnehmerüberlassung. Viele dieser Punkte (Jahresurlaub, Mutterschutz, Jugendschutz sowie Gesundheitsschutz) sind inzwischen erfolgreich durch Richtlinien geregelt worden. Es ist also durchaus möglich, solche verbindlichen und einklagbaren Mindeststandards zum Gegenstand einer erfolgreichen europäischen Sozialpolitik zu machen.

Ich möchte jedoch klarstellen, daß jeder übertriebene Perfektionismus unangebracht ist; den Mitgliedstaaten muß die Möglichkeit der Einpassung dieser Regelungen in ihr Rechtssystem bleiben. Es sind daher nur die wesentlichen Anforderungen als Richtlinie festzulegen, die nähere Ausgestaltung sollte den Mitgliedstaaten überlassen bleiben. Dies ist schon unter dem bereits genannten Gesichtspunkt der Subsidiarität erforderlich.

Auch dürfen die Mindestnormen in keinem Fall als Vorwand genommen werden, um die Wettbewerbsfähigkeit der weniger entwickelten Mitgliedstaaten zu behindern, wenn wir das Ziel, die wirtschaftliche und soziale Kohäsion in der Europäischen Union zu fördern, ernst nehmen und nicht nur als Lippenbekenntnis für Sonntagsreden abtun. Aus ihm ergibt sich, daß die wirtschaftliche und soziale Entwicklung der weniger entwickelten Staaten durch den ungehinderten Zugang zum gemeinsamen Binnenmarkt gefördert werden muß. Ich werde später im Zusammenhang mit der Entsendeproblematik auf dieses Thema zurückkommen.

Bevor ich mich der Freizügigkeit zuwende, darf ich noch ein weiteres Thema anschneiden, das im Zusammenhang mit der Regierungskonferenz diskutiert wird. Es geht um die Einführung wirtschaftlicher und sozialer Grundrechte in den Vertrag mit dem Ziel, die Akzeptanz und Legitimität der Europäischen Union bei den Bürgern zu erhöhen. Wer eine solche Forderung aufstellt, meine Damen und Herren, befindet sich auf dem Holzweg! Die deutsche Wirtschaft warnt dringend davor, einen solchen Katalog sozialer Grundrechte festzuschreiben: In den verschiedenen Mitgliedstaaten der Europäischen Union bestehen unterschiedliche Auffassungen darüber, ob überhaupt bzw. inwieweit soziale Grundrechte in die Verfassung aufgenommen werden sollten. Die Auseinandersetzungen um die Verfassungsreform in Deutschland haben gezeigt, wie schwierig und belastend eine solche Diskussion sein kann. So unterstützungswürdig soziale Ziele auch sein mögen, sie werden nicht durch verfassungsmäßige Verankerung, sondern durch praktische Politik verwirklicht. Es besteht die Gefahr, daß die Handlungsspielräume eingeengt werden, die Verrechtlichung der Politik gefördert wird und daß schließlich die Enttäuschung der Bürger um so größer ist, wenn die mit den Grundrechten verbundenen Verheißungen – z. B. Recht auf Arbeit – nicht erfüllt werden.

Für die Bürger Europas ist es weniger relevant, soziale Grundrechte im EG-Vertrag zu finden. Wichtig für die Bürgernähe und Legitimität der Europäischen Union ist vielmehr die Freizügigkeit, die Möglichkeit für die Bürger der Europäischen Union, sich ungehindert und ohne Nachteile in der gesamten Union zu bewegen und aufzuhalten, sei es als Arbeitnehmer, Unternehmer, Selbständiger oder zur Erbringung von Dienstleistungen. Damit komme ich zum Thema der Freizügigkeit.

Die Freizügigkeit ist eines der grundlegenden Rechte, das die Mitgliedstaaten bereits seit Gründung der Gemeinschaft im Jahre 1957 im Vertrag festgeschrieben haben. Wir haben zwischen der Freizügigkeit der Arbeitnehmer, jener der Unternehmer und Selbständigen, d. h. dem Niederlassungsrecht sowie der Freiheit des Dienstleistungsverkehrs zu unterscheiden. Alle drei Formen sind wichtig und bilden letztlich eine Einheit: Jeder Bürger Europas ist frei, sein Glück als Arbeitnehmer, Selbständiger oder Unternehmer in jedem Land der Union zu suchen. Jean Monnet – einer der Gründungsväter der EG – sagte: „Wir einigen keine Staaten, sondern Menschen". Das Recht der Freizügigkeit gehört nicht nur dazu, sondern ist Grundvoraussetzung für die Integration der europäischen Staaten.

Die europäischen Politiker haben dies durchaus erkannt und bemühen sich seit mehr als 20 Jahren darum, die Entstehung einer europäischen Identität zu fördern, indem sie Hindernisse der Freizügigkeit Schritt für Schritt abbauen. Eine Vielzahl von Regelungen zur sozialen Sicherung und Gleichstellung der Wanderarbeitnehmer, dem Zugang zu Schulen und Ausbildungseinrichtungen durch Studenten anderer Mitgliedstaaten, dem Zuzug der Familienangehörigen und dem Verbleiberecht in einem anderen Mitgliedstaat am Ende dieses Arbeitslebens gehört dazu. Weiterhin natürlich die gegenseitige Anerkennung von Ausbildungsabschlüssen und schließlich nicht zu vergessen, das Wahlrecht zum Europäischen Parlament oder zu Kommunalwahlen von EU-Ausländern in ihrem Wohnsitzland. Die Freizügigkeit für Europas Bürger, also für Arbeitnehmer, Selbständige und Unternehmer ist ein wichtiger Bereich der Identifikation mit diesem ansonsten noch sehr abstrakt erscheinenden Gebilde namens „Europäische Union".

Die Integration, insbesondere die Verwirklichung des freien Dienstleistungsverkehrs ist natürlich mit wirtschaftlichen Anpassungsprozessen verbunden. So können die weniger entwickelten EU-Mitgliedstaaten sich von der Hilfe durch die teuer finanzierten Strukturfonds nur dann abnabeln, wenn ihnen die Gelegenheit gegeben wird, ihre Wettbewerbsvorteile – und das sind niedrigere Arbeitskosten als Ausdruck der geringeren Arbeitsproduktivität – auch im Rahmen der freien Erbringung von Dienstleistungen im gesamten Binnenmarkt auszunutzen. Eben dieses Recht wird jedoch durch die Diskussion um die sogenannte „Entsendeproblematik" in Frage gestellt.

Die politische Diskussion darüber begann, als die Europäische Kommission am 30. August 1991 einen „Vorschlag für die Richtlinie des Rates über die

Entsendung von Arbeitnehmern im Rahmen der Erbringung von Dienstleistungen" vorlegte. Dieser kurz „Entsenderichtlinie" benannte Vorschlag sieht vor, daß die von Unternehmen aus dem europäischen Ausland zur Durchführung von Aufträgen entsandten Arbeitnehmer in bezug auf Mindestlöhne und bestimmte Arbeitsbedingungen, wie Überstundenzuschläge, Urlaub, Mutterschutz etc. mindestens entsprechend den Vorschriften des Arbeitsortes zu behandeln seien. Der Ministerrat hat diesen Vorschlag seither mehrere Male behandelt; es ist ihm jedoch nicht gelungen, zu einem „Gemeinsamen Standpunkt" zu kommen, weil die Differenzen der Interessenlagen zwischen Mitgliedstaaten zu groß sind.

Die Bundesvereinigung hatte von Anfang an eine sehr kritische Stellungnahme erarbeitet, die den Vorschlag als protektionistisch ablehnt, insbesondere aber auch die Rechtsgrundlage, die die Kommission gewählt hat, rügt. Gestützt wird der Vorschlag nämlich auf jene Artikel des Vortrages, die den Abbau von Beschränkungen des freien Dienstleistungsverkehrs innerhalb der Gemeinschaft zum Gegenstand haben. Die Entsenderichtlinie ist sicherlich kein Mittel zum Abbau von Beschränkungen für den Dienstleistungsverkehr innerhalb der Gemeinschaft, sie baut im Gegenteil neue auf. Die Wahl der Rechtsgrundlage durch die Kommission war somit inhaltlich unzutreffend und rein taktisch motiviert, da sie die Verabschiedung der Richtlinie mit qualifizierter Mehrheit ermöglicht, anstatt mit Einstimmigkeit, wie es z. B. Art. 100 oder Art. 235 erfordert hätten. Inhaltlich begegnet die Richtlinie großen Bedenken nicht nur wegen der bereits angesprochenen Auswirkungen auf die wirtschaftlich weniger entwickelten Mitgliedstaaten, für die eine solche Richtlinie de facto den Ausschluß von der Teilnahme am freien Dienstleistungsverkehr bedeuten kann. Sie würden überdies für bestimmte Tätigkeiten deutscher Firmen, z. B. Montagearbeiter, einen ständigen, unzumutbaren Wechsel der Arbeitsbedingungen nach sich ziehen. Mit dem Scheitern der Richtlinie im Ministerrat, zuletzt auf einer Sondersitzung der Sozialminister unter deutscher Präsidentschaft am 21. 12. 1994, ist die Debatte um die Entsendeproblematik in Deutschland jedoch noch lange nicht zu Ende.

Ich möchte in diesem Zusammenhang erwähnen, daß die zunächst einstimmige Ablehnung der Richtlinie durch die deutschen Arbeitgeberverbände unter dem Druck von Billigarbeitern legaler, halblegaler und illegaler Art auf deutschen Baustellen in der Folge zerbrach. Eine Minderheit unserer

Mitgliedsverbände, die Bauwirtschaft und das Handwerk, setzten sich nunmehr ebenfalls für die Annahme der Entsenderichtlinie ein, während die Arbeitgeberverbände bei ihrer Ablehnung blieben.

Die Bundesvereinigung hat sich daher in einer Stellungnahme vom Juli 1994 bereit erklärt, für eine befristete Zeit eine auf die Bauwirtschaft beschränkte Regelung auf europäischer Ebene zu akzeptieren. Prämisse dabei war allerdings, daß europaweit eine Entsenderichtlinie zustande kommt, mit der Konsequenz, daß in allen EU-Ländern entsprechende Umsetzungsschritte eingeleitet werden müssen.

Die Bundesregierung sieht in dem nationalen Entsendegesetz im wesentlichen vor, daß tarifvertragliche Regelungen des Bauhauptgewerbes über Entgelt und Urlaub, soweit sie allgemeinverbindlich sind, auch auf ausländische Arbeitgeber und deren Arbeitnehmer ausgedehnt werden, sofern diese in Deutschland tätig sind. Die zwingende Wirkung soll sich nur auf die unterste Lohngruppe des einschlägigen Lohntarifvertrages sowie auf den Urlaub beziehen. Die Regelungen gelten vom ersten Tag der Entsendung an. Das Gesetz ist zunächst auf zwei Jahre befristet. Die Kontrolle für die Einhaltung dieses Gesetzes soll durch die Behörden der Länder erfolgen.

Der Zweck des Entsendegesetzes, nämlich die unterste Lohngruppe der Bauwirtschaft und bestimmte tarifvertragliche Regelungen für alle auf deutschen Baustellen beschäftigte Arbeitnehmer durchzusetzen, ist nur zu verwirklichen, wenn zuvor die Tarifbindungen durch Allgemeinverbindlichkeitserklärung auf die Außenseiter im Inland ausgedehnt wird; die Erstreckung auf ausländische Arbeitnehmer, die vorübergehend auf deutsche Baustellen entsandt werden, bewirkt das Arbeitnehmer-Entsendegesetz selbst.

Die Entscheidung über die Allgemeinverbindlichkeitserklärung trifft zwar der Bundesminister, allerdings benötigt er zuvor das Einvernehmen des Tarifausschusses, der paritätisch mit je drei Vertretern der Spitzenorganisationen von Arbeitgebern und Gewerkschaften besetzt ist. Damit ist sichergestellt, daß nur bei befürwortendem Votum des Tarifausschusses – also unter Beteiligung auch der Arbeitgeberseite – eine Allgemeinverbindlichkeitserklärung ausgesprochen werden kann.

Unser Präsidium hat sich deshalb Ende September '95 mit der Entsendeproblematik befaßt und den Arbeitgeberbeisitzern im Tarifausschuß empfohlen, einen entsprechenden Antrag auf Allgemeinverbindlichkeitserklärung nicht zuzustimmen. Wir halten das Entsendegesetz für keinen geeigneten Weg, der Bauwirtschaft Schutz vor Konkurrenz aus „Billiglohn-Mitgliedstaaten der EU" zu gewähren, ohne auf der anderen Seite zugleich das auf der Tarifautonomie basierende deutsche Tarifsystem zu gefährden. Das Arbeitnehmer-Entsendegesetz hat, so wie es angelegt ist, in mehrfacher Hinsicht einen Konstruktionsfehler:

1. Es braucht als Brücke, um nach Deutschland entsandte ausländische Arbeitnehmer zu deutschen Löhnen beschäftigen zu können, die Allgemeinverbindlichkeitserklärung dieser Löhne und damit ein Instrument, das ursprünglich allein zur Vermeidung unsozialer Arbeitsbedingungen und nicht zum Ausgleich bestehender internationaler Wettbewerbsverzerrungen geschaffen worden ist. Die politische Verantwortung für diese Zweckänderung – weg vom Arbeitnehmerschutz hin zum Wettbewerbsschutz – verlagert die Bundesregierung bewußt auf den Tarifausschuß, indem sie die Entscheidung darüber, ob die untersten Löhne der Bauwirtschaft aus Wettbewerbsgründen zu flächendeckenden Mindeststandards in Deutschland werden sollen, diesem Gremium überläßt.

2. Da die untersten Löhne dieses Wirtschaftsbereiches deutlich sogar über den Ecklöhnen der Facharbeiter der meisten anderen Industriebereiche angesiedelt sind, würde eine Zustimmung der Arbeitgebervertreter das Tarifgefüge anderer Wirtschaftsbereiche belastend präjudizieren und die Glaubwürdigkeit von tarifpolitischen Ansätzen zu Kostenentlastungen und -stabilisierung unterlaufen. Soviel zu der tarifpolitischen Seite dieses Vorhabens. Hinzu kommt:

3. Die von der Politik zur Rechtfertigung für die Veränderung der gegenwärtigen Rechtslage unterstellte „unfaire Billiglohnkonkurrenz bzw. Lohndumping" liegt nach unserer Auffassung gar nicht vor. Von einem wettbewerbsverzerrenden Sozialdumping kann man nur sprechen, wenn ein Konkurrent im Wettbewerb besondere Vorteile erlangt, die nicht auf eigene Leistung oder allgemeine ökonomische Produktions- und Standortbedingungen zurückzuführen sind und die durch illegale Praktiken unter Verstoß gegen nationale oder gemeinschaftliche sozialrechtliche Bestimmungen zustande kommen. Wenn Arbeitgeber mit Sitz im Ausland vorübergehend Arbeitnehmer auf deutsche Baustellen entsenden und dabei das Arbeitsrecht ihres Landes beachten und die dort geltenden

Löhne zahlen, nutzen sie lediglich ihre Dienstleistungsfreiheit und damit einen legitimen Teil des Standortwettbewerbs in Europa. Unsere Interpretation des Begriffs „Sozialdumping" entspricht im übrigen einer gemeinsamen Stellungnahme der Bundesministerien für Arbeit, Finanzen und Wirtschaft, zur Sozialdumpingkritik in der Europäischen Gemeinschaft aus dem Jahre 1993.
4. Außerdem haben wir erheblichen Zweifel, ob das Gesetz das eigentliche Problem der Bauindustrie, den Verdrängungswettbewerb durch billigere Arbeitskräfte, beseitigen kann. Es ist von vornherein untauglich zur Lösung der binnenländischen Wettbewerbsverzerrungen, die zusammenhängen mit
   - Schwarzarbeit und anderen Formen illegaler Beschäftigung,
   - Begleit- und Mißbrauchsproblemen bei der Beschäftigung von Arbeitnehmern, die im Rahmen der bestehenden „Kontingentabkommen" aus mittel- und osteuropäischen Staaten nach Deutschland entsandt werden und bei denen bereits heute die Bezahlung durch die entsendenden Unternehmen entsprechend dem deutschen Lohnniveau rechtlich, wenn auch in der Praxis keineswegs verläßlich, sichergestellt ist.

Ich will Ihnen abschließend noch – in Stichworten – drei weitere Argumente nennen, die unsere ablehnende Entscheidung beeinflußt haben:

1. *Wirtschaftliche Konsequenzen:* Wie die Gesetzesbegründung selbst einräumt, wäre durch die gesetzlich erzwungene Lohnangleichung mit einem Anstieg des Baupreisniveaus zu rechnen. Dieser wird sich negativ auf das allgemeine Preisniveau auswirken. Damit würde das Beschäftigungsrisiko der vom Bau abhängigen Branchen auf andere Industriezweige verlagert, und außerdem würden die beabsichtigten Entlastungen des sozialen Sicherungssystem konterkariert.
2. *Abgrenzung zu anderen Bereichen:* Die Bundesregierung will ein befristetes Ausnahmegesetz für das Bauhauptgewerbe; die SPD-Bundestagsfraktion will dagegen eine unbefristete Entsenderegelung für alle Branchen, die nicht nur die unterste Lohngruppe, sondern alle Lohngruppen erfassen soll. Die Einschätzung, wer ein regelungsbedürftiges Sonderproblem hat, geht damit schon weit auseinander. Auch gibt es in dem Teil des Arbeitgeberlagers, das die Notwendigkeit eines Arbeitnehmer-Entsendege-

setzes für sich reklamiert, sehr divergierende Auffassungen. Auf der einen Seite das Bauhauptgewerbe, auf der anderen Seite der Handwerksbereich, der elf zusätzliche Gewerbe von dem Anwendungsbereich eines solchen Gesetzes erfaßt wissen will. Die Vorstellungen zur Befristung reichen von zwei bis fünf Jahren. Es muß damit gerechnet werden, daß, wenn nur einem Wirtschaftsbereich eine entsprechende Schutzprivilegierung eingeräumt wird, andere Bereiche von Handwerk und Industrie mit wachsendem Druck auf die Gleichstellung beim lohn- und sozialpolitischen Wettbewerbsschutz drängen. Der falsche nationale protektionistische Regelungsansatz wird nicht dadurch besser, daß man ihn zeitlich auf eine Branche beschränkt.

3. *Kontrolle:* Ein nationales Entsendegesetz kann rechtlich keine Kontrollmöglichkeiten im Ausland eröffnen, die aber benötigt werden, weil das Arbeitsverhältnis nicht am Einsatzort der Bundesrepublik, sondern im Heimatland rechtlich angesiedelt bleibt und nur dort eine verläßliche Kontrolle darüber durchgeführt werden kann, ob das entsendende Unternehmen tatsächlich auch den deutschen Lohn bezahlt hat; außerdem ist die nach dem Gesetz vorgesehene inländische Kontrolle völlig unzureichend. Diesen Standpunkt teilen selbst Vertreter der Bauwirtschaft und des Handwerks, die bekanntlich das Gesetz befürworten.

Auf die gegenüber diesem Vorhaben bestehenden verfassungs- und europarechtlichen Bedenken will ich im einzelnen hier gar nicht eingehen. Das Walter-Eucken-Institut aus Freiburg hat dazu ein ausführliches Gutachten abgegeben. Es kommt zu dem Schluß, daß ein so weitreichender Eingriff eine Beeinträchtigung der vom Grundgesetz auch für ausländische Arbeitgeber garantierten Koalitionsfreiheit aus Art. 9 Abs. 3 GG dargestellt und die Dienstleistungsfreiheit wie das Recht auf Freizügigkeit der Arbeitnehmer, die zu den Grundfreiheiten des EG-Vertrages gehören, nicht in derartiger Weise durch nationale Gesetzgebung eingeschränkt werden dürfen.

Die anderen im politischen Raum angebotenen bzw. sich anbietenden Alternativen wären keine vernünftige Lösung gewesen:

— Der Ansatz der SPD-Fraktion kann keine Lösung sein; denn er zielt weit über ein befristetes Ausnahmegesetz für die Bauwirtschaft hinaus, in dem grundsätzlich alle Branchen und alle Lohngruppen einbezogen und allgemein anwendbare tarifliche oder gegebenenfalls ortsübliche Bestimmungen, auch für entsandte Arbeitnehmer – unter Ausschluß der nach dem Tarifvertragsgesetz notwendigen Allgemeinverbindlicherklärung – gelten sollen. Dieser Ansatz gesetzlicher Lohngleichstellung würde allein aus dem Ausland entsandte Arbeitnehmer treffen und damit eine europarechtlich nicht vertretbare Diskriminierung gegenüber inländischen Arbeitnehmern darstellen, die mangels Allgemeinverbindlichkeitserklärung weiterhin als Nichtmitglieder von Gewerkschaften die Möglichkeit haben, Beschäftigungsverhältnisse zu untertariflichen Arbeitsbedingungen einzugehen.

– Auch stünde das Gesetz über die Festsetzung von Mindestarbeitsbedingungen von 1992 nicht ohne weiteres als alternativer Lösungsansatz für die Entsendeproblematik zur Verfügung. Abgesehen davon, daß eine staatliche Mindestlohnregelung ohne grundlegende Gesetzesänderung nicht zu erreichen ist, wäre ein solcher Eingriff verfassungsrechtlich allenfalls unter der Voraussetzung möglich, daß der Mindestlohn einen deutlichen Abstand zu den geltenden Tariflöhnen wahrt.

Aus europäischer Sicht, denke ich jedoch, ist das Gesetz zu bedauern. Zu viele Berührungspunkte hat dieses Gesetz mit protektionistischen Bestrebungen, die dem europäischen Gedanken der Freizügigkeit, wie ich ihn zu Beginn des Vortrags dargelegt habe, widersprechen. Um nicht mißverstanden zu werden: Das ist keinesfalls als Rechtfertigung von Hungerlöhnen und Schwarzarbeit zu verstehen. Diese sind auch jetzt schon illegal und zu bekämpfen. Die Politik sollte ihr Augenmerk auf diese Aufgabe lenken und der Versuchung widerstehen, die Freizügigkeit der Arbeitnehmer und die Dienstleistungsfreiheit – zwei Grundpfeiler des Europäischen Binnenmarktes – auszuhöhlen.

Manfred Harrer

Statement

Die Freizügigkeit der Arbeitnehmer ist seit der Gründung der Europäischen Wirtschaftsgemeinschaft im Jahre 1957 konstituierender Bestandteil des Gemeinsamen Marktes. Sie ist eine der vier Grundfreiheiten, die der EWG-Vertrag formuliert hat: Freier Warenverkehr, Freizügigkeit der Arbeitnehmer, Niederlassungs- und Dienstleistungsfreiheit, freier Kapital- und Zahlungsverkehr.
In den 60er Jahren hatte gerade die Bundesrepublik Deutschland ein besonderes Eigeninteresse an der Freizügigkeit der Arbeitnehmer. Damals herrschte in unserem Land großer Mangel an Arbeitskräften. Um diesen Mangel auszugleichen, reichte es nicht, aus den damaligen Anwerbeländern Italien, Griechenland, Spanien und Portugal Arbeitskräfte anzuwerben; man brauchte Arbeitnehmer aus weiteren Ländern, insbesondere aus der Türkei. Diese Zeiten des Mangels an Arbeitskräften sind vorbei.
Wenn wir uns die Entwicklung der Freizügigkeit der Arbeitnehmer vor allem in der Bundesrepublik Deutschland ansehen, so fällt auf, daß bis 1973, d. h. bis zum Anwerbestopp, die Zuwanderungszahlen von Arbeitnehmern aus der Europäischen Union von Jahr zu Jahr angestiegen sind. Seitdem allerdings ist die Zahl der Arbeitnehmer aus EU-Ländern drastisch zurückgegangen. Vergleicht man Zahlen von 1975 mit Zahlen aus 1994, so ist z. B. die Zahl der in Deutschland beschäftigten Italiener um gut ein Drittel von rund 300.000 auf 200.000, die der Griechen um die Hälfte von gut 200.000 auf etwas über 100.000 und die der Spanier von 130.000 auf 52.000 zurückgegangen.
Gegenläufige Tendenz zeigt die Entwicklung bei den Zahlen der Arbeitnehmer aus Drittstaaten, vor allem aus der Türkei. Trotz fehlender Freizügigkeit und trotz Anwerbestopp seit 1973 ist z.B. die Zahl türkischer Arbeitnehmer von 550.000 im Jahre 1975 auf insgesamt 606.000 im Jahr 1994 gestiegen. Aus der gesamten Europäischen Union kamen in diesem Zeitraum nur insgesamt 580.000 Arbeitnehmer.

Die Gründe für die Entwicklung, daß trotz der Gleichstellung in bezug auf die Arbeits- und Beschäftigungsbedingungen nicht mehr EU-Arbeitnehmer von dem Recht auf Freizügigkeit Gebrauch machen, sind vielschichtig. Ich will einige nennen: Persönliche, soziale, kulturelle oder sprachliche Hindernisse; Verbesserung der wirtschaftlichen Entwicklung und Anhebung des Lebensstandards in den jeweiligen Heimatländern; Verschlechterung der Beschäftigungschancen in der Bundesrepublik Deutschland; fehlende Regelungen über die Anerkennung von Berufsabschlüssen; noch nicht funktionierendes Stellenvermittlungssystem innerhalb der Europäischen Union.

Was beinhaltet das Recht auf Freizügigkeit?
Welche Rechte sind konkret gemeint?

Das Recht auf Freizügigkeit umfaßt die Abschaffung jeder auf der Staatsangehörigkeit beruhenden unterschiedlichen Behandlung der Arbeitnehmer in bezug auf Beschäftigung, Entlohnung und sonstige Arbeitsbedingungen. Alle Arbeitnehmer in Europa, sofern sie die Staatsangehörigkeit eines EU-Mitgliedstaateses besitzen, können seit Ende der 60er Jahre, nachdem die notwendigen Detailregelungen durch europäische Verordnungen und Richtlinien getroffen waren,

- in einen anderen Staat der Europäischen Union gehen,
- sich dort um einen Arbeitsplatz bewerben und
- einer Beschäftigung nachgehen, und zwar – und das ist entscheidend – zu den gleichen Bedingungen, wie sie dort auch für die eigenen Staatsangehörigen gelten.

Das heißt, ein Arbeitnehmer aus einem EU-Land kann bei einem deutschen Arbeitgeber arbeiten wie sein deutscher Kollege zu den deutschen Arbeitsbedingungen. Unter diese Bedingungen fallen nicht nur gesetzliche Rechte, sondern auch der soziale Schutz, tarifvertragliche Rechte wie Lohn, Urlaub, u.a.m.
Freizügigkeit bedeutet, daß niemand wegen seiner EU-Zugehörigkeit diskriminiert werden darf. Freizügigkeit heißt Gleichbehandlung mit den eigenen Staatsangehörigen. Die Gesetze und Vorschriften, die für die eigenen Menschen gelten, müssen selbstverständlich auch für die Menschen gelten,

die aus anderen EU-Mitgliedstaaten zu uns kommen; sie bewegen sich nicht in einem rechtsfreien Raum, sondern unterliegen den Regeln, die in dem jeweiligen Mitgliedstaat gelten.

Seit geraumer Zeit wird die Grundfreiheit „Freizügigkeit" im Zusammenhang mit der sogenannten Entsendung von Arbeitnehmern von einem EU-Land in ein anderes EU-Land diskutiert. Es gibt Leute und Institutionen, die behaupten, das von der Bundesregierung initiierte Arbeitnehmerentsendegesetz verstoße gegen das Gebot der Freizügigkeit. Das ist schlicht falsch:

- Die Entsendeproblematik hat nichts, überhaupt nichts mit der Freizügigkeit zu tun. Entsandte Arbeitnehmer nehmen nicht das Recht der Freizügigkeit in Anspruch, sondern kommen im Gefolge ihres Arbeitgebers, der von seinem Recht auf Dienstleistungsfreiheit Gebrauch macht und sich hierzu eigener nationaler Arbeitnehmer bedient.
- Wenn man überhaupt im Zusammenhang mit der Entsendeproblematik Grundfreiheiten in der EU ins Spiel bringen will, dann allenfalls die Dienstleistungsfreiheit. Aber auch insoweit trifft die Behauptung nicht zu, das geplante Arbeitnehmerentsendegesetz verstoße gegen die Dienstleistungsfreiheit.

Die Dienstleistungsfreiheit ist neben der Arbeitnehmerfreizügigkeit eine der wesentlichen Freiheiten des EG-Vertrages. Ihre uneingeschränkte Verwirklichung mit Vollendung des Binnenmarktes hat dazu geführt, daß Unternehmen ihre Aktivitäten in größerem Umfang auf andere Mitgliedstaaten ausdehnen und infolgedessen ihre Arbeitnehmer für eine vorübergehende Tätigkeit in andere Mitgliedstaaten zu Arbeitsleistungen entsenden. In der Praxis bedeutet die Dienstleistungsfreiheit – im Zusammenspiel mit dem europäischen Schuldrechtsübereinkommen von Rom – derzeit für Deutschland, daß Unternehmen ihre Arbeitnehmer zu den Arbeitsbedingungen ihres Heimatlandes vorübergehend hierher entsenden können. So weit, so gut. Problematisch wird dies dann, wenn zwischen Entsendestaat und Aufnahmestaat erheblich voneinander abweichende Standards bei den Arbeitsbedingungen gelten.

Bestes Beispiel sind die zum Teil erheblichen Lohnunterschiede. Zum Vergleich: Der durchschnittliche Bruttolohn eines Bauarbeiters lag 1993 in Deutschland bei 12,6 Ecu (ca. 23,60 DM), in England bei 7,89 Ecu (ca. 14,75 DM) und in Portugal bei 2,17 Ecu (ca. 4,05 DM). Läßt man dies in einer Branche wie dem Baubereich zu, der seine Produktionsstätten nicht wie andere Branchen verlagern und den Bedingungen eines anderen nationalen Marktes unterwerfen kann, wird die im Inland bestehende Wettbewerbslage durch Verzerrungen aufgrund unterschiedlicher Ausgangsbedingungen inakzeptabel.

Gerade der Baubereich ist eben nicht mit dem Warenverkehr zu vergleichen. Der grundlegende Unterschied zwischen Dienstleistung und Warenverkehr besteht darin, daß beim Warenverkehr die Produktion in aller Regel nicht am Ort des Produktionsmarktes erfolgt. Die Produktionsbedingungen für international gehandelte Güter werden neben dem Faktor Lohn auch von anderen Faktoren – wie z. B. Kapitalausstattung und Infrastruktur – bestimmt. Im Baubereich wird dagegen in der Regel nur die Arbeitskraft entsandt, während Kapitalausstattung und Infrastruktur vor Ort genutzt werden. Die Infrastruktur wird jedoch durch Steuern von den Inländern aufgebracht. Der ausländische Anbieter von Bauarbeiten profitiert von der Infrastruktur, ohne sich an deren Finanzierung zu beteiligen. Auch dies führt zu Wettbewerbsvorteilen gegenüber inländischen Anbietern.

Wenn es in diesem Zusammenhang nicht zu Bedingungen kommt, die einen fairen Wettbewerb gewährleisten, fürchte ich schlimme Entwicklungen in unserem Land:

1. Die bisher schon spürbaren negativen Tendenzen auf dem Arbeitsmarkt werden sich verstärken; als Folge davon leidet die Akzeptanz des Binnenmarktes. Im Baubereich ist die Zahl der Arbeitslosen seit 1991 trotz guter Konjunkturdaten kontinuierlich gestiegen (alte Länder von ca. 73.000 in 1991 auf ca. 98.000 in 1995; im gleichen Zeitraum in den neuen Bundesländern von ca. 29.000 auf ca. 39.000).
2. Unternehmen, insbesondere kleine und mittelständische Betriebe, werden an die Wand gedrückt. Die Auftragsstrukturen werden verlagert. Ausländische Betriebe übernehmen Aufträge, die bisher von kleinen und mittelständischen Unternehmen ausgeführt wurden. Diese stehen am Ende der Kette und können nicht mehr ausweichen. Dadurch wird die Zahl der Insolvenzen von solchen Unternehmen weiter zunehmen. Im April 1995 lag die Zahl der Insolvenzen bereits deutlich höher als im Vorjahr (alte Länder 1.186, d. h. + 20 % gegenüber dem Vorjahresmonat; neue Länder 504, d. h. + 90 %).

3. Die Bereitschaft der Klein- und Mittelbetriebe, Ausbildungsplätze und Facharbeiterstellen zur Verfügung zu stellen, wird erheblich beeinträchtigt werden, wenn diese Betriebe für sich und ihre Arbeitnehmer keine Perspektiven mehr auf dem Markt sehen.
4. Der Zuwanderungsdruck nach Deutschland wird sich erhöhen. Zudem ist zu befürchten, daß die Wanderungsströme nach Deutschland umgelenkt werden, weil unsere Nachbarstaaten Österreich, Frankreich und Belgien bereits nationale Regelungen geschaffen haben bzw. solche vorbereiten (Luxemburg).
5. Gesamtwirtschaftlich wird es zu weiteren Ausfällen in der Sozialversicherung und bei Steuern und Abgaben kommen. Die Kosten für einen deutschen Bauarbeiter sind derzeit mit etwa 40.000 DM pro Arbeitslosen anzusetzen. Bei einem Verdrängungseffekt von jährlich 110.000 Arbeitnehmern entgehen dem Fiskus etwa 2 Mrd. DM an Sozialversicherungsbeiträgen und 1 Mrd. DM an Steuern.

Das ist die Ausgangssituation, vor der wir nicht nur national, sondern europaweit stehen. Auf europäischer Ebene hat die Kommission der Europäischen Gemeinschaft dieses Problem schon frühzeitig erkannt und den Entwurf einer sogenannten Entsende-Richtlinie vorgelegt. Darin ist vorgesehen, daß auch für Arbeitnehmer von ausländischen Firmen, die vorübergehend in einen anderen Mitgliedstaat entsandt werden, grundsätzlich die Bedingungen des Arbeitsortes gelten. Die Bundesregierung hat sich nachhaltig für die Verabschiedung dieser Richtlinie insbesondere unter ihrer Präsidentschaft eingesetzt. Denn es liegt auf der Hand, daß Probleme, die durch den Binnenmarkt entstehen, auch gemeinschaftsweit einer Lösung zugeführt werden sollten. In diesem Zusammenhang möchte ich daran erinnern, daß die Bundesvereinigung der Deutschen Arbeitgeberverbände im Zuge der Diskussion dieses Richtlinienvorschlags unter deutscher Präsidentschaft einer Verabschiedung unter den Voraussetzungen zugestimmt hätte, wie wir sie jetzt in unserem nationalen Entsendegesetz vorgeschlagen haben (Beschränkung auf den Baubereich, Allgemeinverbindlichkeit, zeitlich befristet).

Wie allgemein bekannt ist, konnte die Entsende-Richtlinie bisher wegen Widerstandes der Entsendestaaten (Großbritannien, Irland, Portugal und Italien) weder unter deutscher noch unter der nachfolgenden französischen

Ratspräsidentschaft verabschiedet werden. Ihr Schicksal unter spanischer Präsidentschaft ist ungewiß. Die spanische Präsidentschaft ist derzeit aber bemüht, in bilateralen Gesprächen eine Kompromißlinie zu finden.
Andere Mitgliedstaaten haben nicht zuletzt deshalb bereits nationale Lösungen gefunden. Beispielsweise haben Belgien, Frankreich und Österreich entsprechende Maßnahmen getroffen. Luxemburg bereitet ebenso wie Deutschland nationale Maßnahmen vor, und die skandinavischen Länder können aufgrund ihres im Vergleich zu uns weitreichenden Streikrechts das sogenannte Lohndumping abwehren (Einzelbaustellen werden solange bestreikt, bis die Billigkonkurrenz aus dem Ausland entsprechend angehobene Löhne erhält oder nicht mehr auf der Baustelle vertreten ist).
Angesichts der Dringlichkeit der Entsendeproblematik konnte die Bundesregierung nicht auf eine europäische Einigung warten. Deshalb hat sie beschlossen, wie andere EU-Länder auch eine nationale Entsenderegelung vorzulegen. Damit soll im Grundsatz sichergestellt werden, daß im Baubereich der Bundesrepublik Deutschland für entsandte Arbeitnehmer aus EU-Ländern am gleichen Beschäftigungsort für gleiche Arbeit gleicher Lohn wie deutschen Arbeitnehmern gezahlt wird.
Für die Bundesregierung sind im Zusammenhang mit diesem Gesetz zwei – in der öffentlichen Diskussion umstrittene – Punkte von besonderer Bedeutung:

1. Mit der zwingenden Erstreckung nur der untersten Lohngruppe eines Tarifvertrags auf ausländische Arbeitnehmer beschränkt sich die Bundesregierung auf unumgängliche Mindestregelungen, die erforderlich und nach unserer Auffassung vertretbar sind, um künftig einen fairen Wettbewerb der Unternehmen aus den EU-Mitgliedstaaten untereinander zu gewährleisten.
2. Mit der Befristung der vorgesehenen Regelung auf zwei Jahre will die Bundesregierung ein Zeichen dafür setzen, daß diese Regelung notwendigerweise den Charakter einer Übergangsregelung trägt. Dabei wird davon ausgegangen, daß sich die Arbeitsbedingungen und die Lebensverhältnisse in den Mitgliedstaaten in absehbarer Zeit angleichen werden und damit Entsende-Regelungen bei uns und in anderen Mitgliedstaaten überflüssig werden.

Zur Auffassung der Bundesvereinigung der Deutschen Arbeitgeberverbände möchte ich noch auf folgendes hinweisen: Es ist richtig, daß nach der Konzeption des Gesetzentwurfes die Allgemeinverbindlichkeit eines Tarifvertrages unerläßliche Voraussetzung für seine auch international zwingende Wirkung ist. Ob es zu solchen Allgemeinverbindlichkeitserklärungen kommen wird, ist nicht jetzt, sondern erst dann zu entscheiden, wenn ein konkreter Antrag der betroffenen Tarifvertragsparteien des Baubereichs auf dem Tisch des Tarifausschusses liegt. Dann wird die Bundesvereinigung ihre konkrete Entscheidung fällen müssen und vor den Hauptbetroffenen und der Öffentlichkeit zu rechtfertigen haben. Es wird eine Entscheidung sein, die von den Tarifvertragsparteien, nicht vom Staat zu treffen ist, und zwar unter Abwägung aller Gesichtspunkte des hier vorliegenden Sachverhalts.

Wesentlich bei der Erarbeitung des Entwurfs war für das Bundesministerium für Arbeit und Sozialordnung die Beachtung des Grundsatzes „Vorrang für die Tarifautonomie": Der Staat, der Gesetzgeber sollten sich auf Regelungen beschränken, die die Sozialpartner nicht treffen können. Der Staat selbst entscheidet nicht über den Inhalt der Arbeitsbedingungen. Er verleiht lediglich der von den Sozialpartnern getroffenen Entscheidung über national zwingende Arbeitsbedingungen (Allgemeinverbindlichkeit) auch die international zwingende Wirkung (Erstreckung auf ausländische Arbeitgeber und Arbeitnehmer). Die Grundsatzentscheidung über den Inhalt der Arbeitsbedingungen kann und darf er den Sozialpartnern im Interesse der Bewahrung der Tarifautonomie nicht abnehmen.

Ich stimme uneingeschränkt dem Kommentar in einer Zeitschrift zu, in dem es u. a. heißt: „Wir sehen sehr wohl das Spannungsfeld zwischen der Liberalisierung der Märkte in Europa unter Bewahrung unserer sozialen und tarifvertraglichen Sicherungssysteme. Liberalisierung ist notwendig und gut – aber sie endet da, wo menschliche Arbeit zu einer Ware wie jede andere wird. An der Arbeit hängen immer auch persönliche Menschenschicksale – und deshalb muß Arbeit anders behandelt und geschützt werden als z. B. die Megaperls von Persil".

Diskussionsbeiträge

Klaus Schmitz

Nicht zuletzt der sozialen Auswirkungen wegen muß bezweifelt werden, daß die optimale Allokation von Arbeitskräften über deren Freizügigkeit zu erreichen ist. Vorrangig gilt es, im EU-Binnenmarkt Hemmnisse für eine individuelle Freizügigkeit abzubauen, die momentan in Form unterschiedlicher Systeme der Altersversorgung, mangelnder Anerkennung beruflicher Qualifikationen und einer fehlenden europäischen Kooperation in Sachen Arbeitsvermittlung bestehen. Außerdem müssen Hemmnisse im Dienstleistungsbereich abgebaut werden. Insbesondere bei freien Berufen und im Handwerk gibt es diesbezüglich noch große Probleme.

Betrachtet man den industriellen Bereich, so mündet der Ruf nach Freizügigkeit in die Frage nach einem Flächentarifvertrag. Warum soll ein Unternehmen, das in Deutschland produziert, seinen Sitz aber andernorts hat, anders behandelt werden, als ein Unternehmen mit Sitz in Deutschland?

Grundsätzlich sollten in der Sozialpolitik zwei Prinzipien unterschieden werden: Grundrechte und Mindeststandards. Unter die Grundrechte fallen Regelungen wie etwa die europaweite Koalitionsfreiheit und das EuGH-Urteil zur Gleichbehandlung. Während sich Mindeststandards mehr an nationalen Traditionen orientieren, hat das Grundrechtsprinzip identitätsstiftende Wirkungen.

In bezug auf eine europäische Tarifpolitik muß die Frage gestellt werden, ob sich die Tarifautonomie nach deutschem Muster nicht auch auf die europäische Ebene übertragen läßt.

Insbesondere in Branchen, in denen die transnationale Verflechtung groß ist (Transportbereich) oder die von einer kleinen Zahl relativ homogener Unternehmen dominiert werden (z. B. Automobilbranche, chemische Industrie), ist eine solche Entwicklung denkbar.

Schrittmacher der Entwicklung werden europaweit agierende Konzerne sein, die anhand eigener Produktivitätskennziffern ihre tariflichen Spielräume ohnehin besser ausloten können als deren Verbände. In einem Zusammenspiel von Flächentarifvertrag und unternehmerischer Ausgestaltung liegt die Zukunft betriebsorientierter Tarifverträge.

Norbert Eickhof

Ich möchte mich zum deutschen Entsendegesetz äußern. Dabei gilt es, verschiedene Aspekte zu unterscheiden.

1. Aus der Sicht eines deutschen Bauarbeiters oder Bauunternehmens ist es verständlich, einen Schutz vor (Preis-)Konkurrenz zu fordern. Konkurrenz ist für die Betroffenen immer unangenehm. Andere Branchen haben gezeigt, wie derartige Unannehmlichkeiten zu beseitigen sind. Und so, wie die deutschen Landwirte oder die deutschen Bergleute seit langem durch Zölle und Subventionen vor Importkonkurrenz geschützt werden, will nun die deutsche Bauwirtschaft durch das Entsendegesetz einen vergleichbaren Schutz.

2. Aus volkswirtschaftlicher Sicht ist das Entsendegesetz jedoch strikt abzulehnen. Und das aus mehreren Gründen:

a. Die deutsche Volkswirtschaft ist stark außenhandelsabhängig. Unsere Exportquote betrug 1990 über 26 Prozent, unsere Importquote belief sich im selben Jahr auf über 22 Prozent. Deutsche Exporte sind bekanntlich ausländische Importe. Im Ausmaß der deutschen Exporte wird somit im Ausland Importkonkurrenz akzeptiert. Daher ist es unfair und unklug, im Inland in bestimmten Branchen einen Schutz vor ausländischer Konkurrenz zu errichten. Deutsche Politiker, die im Ausland eine Öffnung der Märkte fordern und nach ihrer Rückkehr bei uns die Abschottung ganzer Branchen betreiben, machen sich nicht nur lächerlich, sondern gefährden auch den Wirtschaftsstandort Deutschland.

b. Deutschland versteht sich als Promotor der europäischen Integration. Gemäß Art. 3 des EG-Vertrages wird ein gemeinsamer Binnenmarkt normiert, „der durch die Beseitigung der Hindernisse für den freien Waren-, Personen-, Dienstleistungs- und Kapitalverkehr zwischen den Mitgliedstaaten gekennzeichnet ist". Und gemäß Art. 3a desselben Vertrages ist auch die deutsche Wirtschaftspolitik „dem Grundsatz einer offenen Marktwirtschaft mit freiem Wettbewerb verpflichtet". Zwar wird durch das Entsendegesetz nicht der freie Personen- oder Dienstleistungsverkehr, aber wohl der freie Wettbewerb beschränkt. Ausländische Bauarbeiter dürfen nach wie vor in Deutschland arbeiten, aber nicht mit deutschen Kollegen in Preiswettbewerb treten. Das Entsendegesetz stellt somit eine staatliche Wettbewerbsbeschränkung dar.

c. Gegen die von ausländischen Bauarbeitern ausgehende Konkurrenz wird eingewandt, sie sei „ruinös", ja, es handle sich um „Dumping". Beides ist jedoch falsch. Wenn ausländische Arbeiter bei uns ihre Arbeitskraft anbieten, so geschieht das nicht aus Liebe zu Deutschland, sondern aus individueller Vorteilhaftigkeit. Offenbar verdienen sie auf deutschen Baustellen mehr als in ihrer Heimat. Insofern ist es absurd, von ruinöser Konkurrenz zu reden. Dumping läge indes vor, wenn Güter oder Dienste im Ausland zu geringeren Preisen als im Inland angeboten würden. Wie bereits ausgeführt, ist das jedoch eine andere Situation als die, die derzeit auf deutschen Baustellen anzutreffen ist. Nein, es liegt weder ruinöse Konkurrenz noch Dumping vor. Vielmehr handelt es sich um ganz normale Konkurrenz. Die ist jedoch auf deutschen Baustellen offenbar unerwünscht.

d. Konkurrenz führt zu einer Annäherung der Löhne an die Grenzproduktivitäten. Das fürchten offenbar jene Bauarbeiter, die eine offizielle Beschäftigung haben. Sie sollen deshalb durch das Entsendegesetz geschützt werden. Unbeachtet bleiben dagegen die Interessen aller Bauarbeiter, die eine offizielle Beschäftigung suchen. Daß auch für sie Arbeit vorhanden ist, verdeutlicht das Ausmaß der Schwarzarbeit – freilich zu geringeren als den durch Lohnkartell und Entsendegesetz abgesicherten Löhnen. Das Entsendegesetz erweist sich somit als beschäftigungsfeindlich und höchst unsozial.

e. Überhöhte Baulöhne führen zu überhöhten Baupreisen. Unter diesen leiden Eigentümer und Mieter, deren Konsumausgaben für andere Güter eingeschränkt werden. Überhöhte Baupreise treffen ferner Unternehmen, die sich im Wettbewerb mit ausländischen Konkurrenten oder auch mit Substitutionskonkurrenten befinden und gezwungen werden, ihren Standort zu überdenken, sowie schließlich den Staat, der angesichts leerer Kassen die öffentliche Infrastruktur ohnehin schon immer stärker vernachlässigt. Eine

Maßnahme, durch die zunächst nur eine einzelne Branche geschützt werden soll, erweist sich somit bei näherem Hinsehen als Instrument zur Benachteiligung aller anderen Wirtschaftsbereiche.

f. Letztlich wird sich das Entsendegesetz auch für die Bauwirtschaft als Danaergeschenk herausstellen. Diese Branche steht bekanntlich vor erheblichen strukturellen, konjunkturellen und technologischen Herausforderungen. Indem durch das Entsendegesetz der Anpassungsdruck verringert wird, geht ihre Wettbewerbsfähigkeit noch weiter zurück. Dann aber spricht alles dafür, daß dieses Gesetz nicht, wie vorgesehen, nach dreieinhalb Jahren entfallen kann, sondern unbegrenzt erforderlich bleibt. Angesichts dessen dürfte es dem Staat auch immer schwerer fallen, benachbarten Berufen und anderen Branchen einen vergleichbaren Schutz vor Konkurrenz zu verwehren, so daß es trotz aller Lippenbekenntnisse zugunsten des Wettbewerbs tatsächlich zu einer weiteren Ausbreitung von Wettbewerbsbeschränkungen in unserer Volkswirtschaft kommen wird – Politiker und Verbandsführer, deren Zeithorizont allenfalls bis zum nächsten Wahltermin reicht, ficht all das offenbar nicht an.

III Regierungskonferenz

Die institutionelle Ausgestaltung der Europäischen Union vor Vertiefung und Erweiterung

Wilhelm Schönfelder

I.

Europa befindet sich nach wie vor in einem tiefen Umbruch. Auslöser dieses Umbruchs sind die historischen und teilweise revolutionären Veränderungen in Mittel- und Osteuropa. Sie haben die politische und ökonomische Ordnung Europas grundlegend verändert. Die Bipolarität des Kalten Krieges gehört der Vergangenheit an. Die Spaltung Europas ist überwunden und Deutschland in Frieden und Freiheit wiedervereinigt. Damit sind Koordinaten verschwunden, an denen sich die europäischen Staaten – gewollt oder ungewollt – über Jahrzehnte hinweg orientiert hatten.

Diese historischen Veränderungen bringen große Herausforderungen mit sich. Letztlich geht es um den Aufbau einer neuen politischen und wirtschaftlichen Struktur Europas. Vor diesem Hintergrund kommt der Regierungskonferenz eine besondere Bedeutung zu. Die EU muß sich auf eine neue, umfassende Erweiterungsrunde vorbereiten, und zwar so, daß sie einerseits 12 oder mehr neue Mitgliedstaaten aufnehmen kann, andererseits aber nicht zurückfällt in einen bloßen Binnenmarkt. Darüber hinaus wird die ökonomische Integration mit dem Beginn der 3. Stufe der WWU weitgehend abgeschlossen sein, so daß der Rückstand der Integration im politischen Bereich im engeren Sinne besonders problematisch wird.

Deshalb müssen auf der Regierungskonferenz entscheidende Weichenstellungen für die weitere politische Integration erfolgen:

1. Die Union muß sich für die Aufnahme neuer Mitgliedstaaten vorbereiten. Ihre Institutionen – ursprünglich für sechs Mitgliedstaaten konzipiert – müssen im Hinblick auf den vergrößerten Mitgliederkreis reformiert werden, um die Handlungs- und Reaktionsfähigkeit der Union zu erhalten.

2. Die Union muß ihr Gewicht international zur Wahrung von Frieden und Stabilität besser einbringen können. Dafür müssen die Grundlagen für eine handlungsfähige gemeinsame Außen- und Sicherheitspolitik, die auch die Verteidigungspolitik mit einschließt, geschaffen werden.
3. Die Union muß ihre Kräfte bündeln im Kampf gegen die internationale Kriminalität. Die Wahrung der Sicherheit der Menschen erfordert eine verstärkte Zusammenarbeit in den Bereichen Justiz und Inneres.
4. Bei alledem muß die Union demokratischer, bürgernäher und transparenter werden und sie muß mehr als bisher dem Grundsatz der Subsidiarität verpflichtet sein.

II.

Die Regierungskonferenz, die eine Fülle von sachlich und politisch schwierigen Fragen zu bearbeiten hat, ist eingebettet in eine dichtgedrängte europapolitische Agenda. Sie umfaßt eine Vielzahl von komplexen Themen, für die gleichzeitig oder zumindest in engem zeitlichen Zusammenhang Lösungen gefunden werden müssen:

1. Zuallererst rangiert die volle Anwendung des Vertrags über die Europäische Union. Hinter diesem unscheinbaren Stichwort verbirgt sich ein enormer Integrationsschritt, nämlich der Übergang in die dritte Stufe der Wirtschafts- und Währungsunion, der Anfang 1998 zur Entscheidung ansteht, damit ab 1. 1. 1999 die dritte Stufe beginnt. Aus deutscher Sicht gibt es hier keinen Bedarf von Zusatzverhandlungen auf der Regierungskonferenz. Insbesondere wird die Bundesregierung keine Aufweichung der Konvergenzkriterien zulassen.
2. Für die künftige Finanzierung der Gemeinschaft, die bis Ende 1999 festgelegt ist, muß rechtzeitig vorher die Überprüfung des Eigenmittelbeschlusses eingeleitet werden.
3. In diesem Zusammenhang, möglicherweise aber schon vorher im Hinblick auf den Beitritt von Staaten aus Mittel- und Osteuropa – aber nicht nur deshalb –, muß die Agrar, Regional- und Strukturpolitik überdacht werden.
4. Die Ost- und Süderweiterung der Union, die politisch bereits im Grundsatz beschlossen worden ist, muß nach der Regierungskonferenz angegangen werden.

5. Die Westeuropäische Union, die 1998 nach 50jähriger Vertragsdauer kündbar wird, muß weiterentwickelt werden, damit sie längerfristig in die EU integriert werden kann, um damit eine gemeinsame europäische Verteidigungspolitik zu schaffen, wie sie der Vertrag von Maastricht postuliert.

Wer diese Themenkomplexe auf der Zeitachse einordnet, erkennt, daß die Entscheidung über den Übergang in die dritte Stufe der Wirtschafts- und Währungsunion in den Zeitraum fällt, in dem wahrscheinlich die Ratifizierung des Ergebnisses der Regierungskonferenz ansteht. In Deutschland zum Beispiel wird der Bundestag, der sich sein Votum für den Übergang in die dritte Stufe vorbehalten hat, genau prüfen, ob die Regierungskonferenz die Handlungsfähigkeit der Union in der gemeinsamen Außen- und Sicherheitspolitik sowie in der Justiz- und Innenpolitik, in denen nach übereinstimmender Meinung aller Beobachter bedeutende Defizite bestehen, nachhaltig verbessern bzw. sogar erst herstellen wird.

Darüber hinaus wird die Lage durch finanzielle Zusammenhänge verkompliziert, denn die Anschlußregelung ab 1999 für den geltenden Eigenmittelbeschluß muß die Finanzierung auch für die Agrar-, Regional- und Strukturpolitik einer sich erweiternden Union regeln. Gleichzeitig muß über den deutschen Nettobeitrag gesprochen werden, der für uns zu einer schweren Last geworden ist.

Es ist daher einerseits offensichtlich, daß zwischen allen Themen und der Regierungskonferenz enge inhaltliche, zumindest aber politische Zusammenhänge bestehen. Es ist andererseits von allergrößter Bedeutung, die Fragen der Regierungskonferenz von den anderen Fragen säuberlich zu trennen. Wer alles mit allem verbindet, gefährdet das Ganze.

III.

Die Regierungskonferenz wird von der sogenannten Reflexionsgruppe vorbereitet, die die verschiedenen Probleme für die Regierungskonferenz analysiert, Optionen erarbeitet und hierüber dem Europäischen Rat berichtet. Deutschland wird vertreten von Staatsminister Hoyer als Persönlichem Beauftragten des Bundesministers des Auswärtigen.

Die Diskussion in der Reflexionsgruppe, aber auch in der Öffentlichkeit, läßt erkennen, daß bei den Mitgliedstaaten zum Teil recht unterschiedliche Ansätze bestehen:

- Eine Gruppe von Staaten ist bereit, auf dem Weg weiterer europäischer Integration voranzuschreiten und auch auf Gebieten, die bisher mehr zwischenstaatlich organisiert gewesen sind, deutliche Fortschritte in Richtung auf die Vergemeinschaftung zu machen. Ich verrate Ihnen sicherlich kein Geheimnis, wenn ich Deutschland dazu zähle.
- Eine zweite Gruppe läßt in ihren Überlegungen gelegentlich ein politisches „Besitzstandsdenken" erkennen. Dies ist Reformüberlegungen im institutionellen Bereich der EU (z. B. Stimmgewichtung im Rat, Berücksichtigung der „ausreichenden Bevölkerungsmehrheit", Rotation der Präsidentschaft, Zahl der Kommissare) nicht zuträglich. Gleiches gilt für die Tendenz einiger Gruppenmitglieder, die Garantie finanzieller Leistungen aus dem EU-Haushalt zur Grundlage ihrer Überlegungen für die Regierungskonferenz zu machen.
- Eine sehr kleine Minderheit argumentiert offensiv gegen eine Fortentwicklung des Vertrages. Diese Minderheit strebt zwar ebenfalls Fortschritte an, jedoch nur rein praktischer Art, die ohne Vertragsänderung zu verwirklichen sind, und lehnt weitergehende Verbesserungen, für die die Verträge geändert werden müßten, als nicht erforderlich oder nicht erwünscht ab. Insbesondere wünscht sie keine Weiterentwicklung der Union im Sinne weiterer supranationaler Integration der Mitgliedstaaten in die Union. Allerdings besteht durchaus das Bewußtsein der Gefahr der Selbstisolierung.

IV.

Auf der Regierungskonferenz – ich habe es bereits erwähnt – geht es um vier Grundfragen:

1. Es geht um ein „Mehr" an Demokratie, Subsidiarität, Bürgernähe und Transparenz in der Union. Dies sind Themen, die ganz besonders für ihre Akzeptanz in der Bevölkerung von großer Bedeutung sind.
   Die demokratische Legitimation der Union hat ihre Wurzeln sowohl auf europäischer als auch auf nationaler Ebene. Nationale Parlamente und das Europäische Parlament repräsentieren den Willen der Unionsbürger. Daraus folgt, daß die Parlamente auf nationaler und auf europäischer Ebene noch stärker in den Prozeß der Gesetzgebung der Gemeinschaft einbezogen werden müssen. Demokratische Legitimation auf der Ebene

der Union muß im gesamten institutionellen Gefüge der Union zum Ausdruck kommen. Dies erfordert, daß z. B. Vorkehrungen getroffen werden müssen, daß im Rat Entscheidungen nicht gegen den Willen der Mehrheit der Unionsbürger getroffen werden können.

Der Grundsatz der Subsidiarität muß verstärkt durchgesetzt werden, damit nicht länger der Eindruck entsteht, die EU mische sich unnötig in besser national oder regional zu lösende Fragen ein. Subsidiarität ist das Maß, an dem gemessen werden muß, ob eine Regelung auf europäischer Ebene getroffen werden muß oder eine nationale Regel ausreicht. Die Union soll sich auf die Aufgaben konzentrieren, bei denen gemeinsames Handeln zur Erreichung der Ziele der Union geboten ist. Damit wird der Grundsatz der Subsidiarität zur Regel für die Aufgabenverteilung und Aufgabenwahrnehmung zwischen der Union und den Mitgliedstaaten. Aber Subsidiarität ist eine Zweibahnstraße: Wir müssen der Union für solche Fragen Kompetenzen einräumen, die auf europäischer Ebene behandelt und entschieden werden müssen.

Transparenz ist das Synonym für Klarheit und Wahrheit gegenüber dem Unionsbürger. Kern der Diskussion um die Transparenz ist sicherlich nicht, daß möglichst viele Sitzungen des Rates per Fernsehen übertragen werden. Dies würde nur unproduktive „Fensterreden" provozieren. Vor allem aber würde falsch verstandene Transparenz den Entscheidungsprozeß vom Rat in inoffizielle Gremien verlagern und damit das Gegenteil des Gewünschten erreichen.

Zur Transparenz gehört wesentlich die Durchschaubarkeit der Entscheidungsstrukturen und -prozesse. Die Aufgabenverteilung zwischen den Organen der Union muß klarer erkennbar, sie muß gestrafft werden. Das System zur Beteiligung des Europäischen Parlaments ist zu kompliziert; deshalb muß die Vielzahl der Beteiligungsverfahren reduziert werden. Derzeit sind es über 20. Wir wollen sie auf drei reduzieren.

2. Es geht um den weiteren Ausbau der Gemeinsamen Außen- und Sicherheitspolitik. Ziel ist es, die Union im außen- und sicherheitspolitischen Bereich handlungsfähig zu machen und die Weichen zur Schaffung einer europäischen verteidigungspolitischen Identität zu stellen.

Eine Gemeinsame Außen- und Sicherheitspolitik, die diesen Namen tatsächlich verdient, ist Voraussetzung für die dauerhafte Beibehaltung des Friedens in Europa und die Sicherung des Einflusses Europas in der Welt. Der Konflikt auf dem Balkan hat uns täglich vor Augen geführt, daß das friedliche Miteinander der Völker selbst in Europa keine Selbstverständlichkeit ist. Es besteht die Gefahr, daß gerade nach Überwindung der Block-Konstellationen nationalistische Tendenzen in Europa wiedererwachen, die zu schweren Konflikten führen können. Die EU muß daher in ihrer Gemeinsamen Außen- und Sicherheitspolitik erheblich handlungsfähiger werden, um diesen möglichen Herausforderungen erfolgreich begegnen zu können.

Die derzeitigen Defizite der Gemeinsamen Außen- und Sicherheitspolitik sind evident:
– mangelnde Sichtbarkeit,
– mangelnde Kontinuität,
– mangelnde Kohäsion,
– mangelnde Effizienz.

Mangelnde Sichtbarkeit nach außen und mangelnde personelle Kontinuität sind u. a. begründet in dem bisherigen System der rotierenden Präsidentschaften. Es gibt daher nicht nur Überlegungen, die Präsidentschaftsrotation zu reformieren, sondern auch weitergehende Gedankenmodelle: So hat der französische Europaminister Barnier vorgeschlagen, der Gemeinsamen Außen- und Sicherheitspolitik (GASP) „ein Gesicht zu geben", d. h. eine politische Persönlichkeit auf Zeit mit den Aufgaben der GASP zu betrauen. Andere Vorschläge gehen dahin, einen Generalsekretär für die GASP zu benennen, ähnlich dem Generalsekretär der NATO oder der WEU. Diese Vorschläge bedürfen noch weiterer vertiefter Analyse. Als Ergebnis darf jedoch nicht eine weitere Verkomplizierung der Strukturen stehen, die das genaue Gegenteil von mehr Sichtbarkeit bewirken würde.

Um den Mangel an Kohäsion zu überwinden, gibt es den Vorschlag, eine Analyse- und Planungskapazität zur Beschaffung und Auswertung der für die Entwicklung einer kohärenten gemeinsamen Außen- und Sicherheitspolitik notwendigen Informationen sowie zur Erstellung gemeinsamer außen- und sicherheitspolitischer Konzepte zu schaffen. In der Reflexionsgruppe besteht hierzu weitgehend Konsens. Die institutionelle Aufhängung dieser Arbeitseinheit bedarf noch genauer Prüfung. Darüber hinaus muß Vorsorge getroffen werden, daß trotz unterschiedli-

cher Beschlußverfahren des EGV und des EUV die Kohärenz des Handelns der Union gegenüber Dritten gewahrt bleibt und gestärkt wird.
Der Mangel an Effizienz in der GASP läßt sich am ehesten mit verstärkter Anwendung von Mehrheitsentscheidungen, evtl. in regional oder sachlich begrenzten Teilbereichen, überwinden. Wir bevorzugen auch hier Abstimmungen mit qualifizierter Mehrheit. Bei Mehrheitsentscheidungen sollte Rücksicht auf einzelne Mitgliedstaaten genommen werden, deren verfassungsrechtliche Lage der Durchführung einer Entscheidung entgegenstehen würde. Wichtig ist jedenfalls, daß es in Zukunft schwerer gemacht wird, daß Entscheidungen, die von der großen Mehrheit der Mitgliedstaaten getragen werden, von einzelnen blockiert werden können. Denn sonst würde dies bei steigender Mitgliederzahl automatisch zur Blockade der gemeinsamen Außen- und Sicherheitspolitik führen. Im verteidigungspolitischen Bereich wird es jedoch bis auf weiteres beim Konsensprinzip bleiben; jedenfalls ist es nicht denkbar, daß Truppen ohne Zustimmung des entsendenden Staates in Anspruch genommen werden.
Darüber hinaus halten wir an dem Ziel fest, die Westeuropäische Union längerfristig in die Europäische Union zu integrieren. Es geht vor allem darum, beide Organisationen miteinander so zu verknüpfen, daß insbesondere die operativen Fähigkeiten der WEU für die Gemeinsame Außen- und Sicherheitspolitik der EU besser nutzbar werden. Die Ausweitung der Leitlinienkompetenz des Europäischen Rates auf die WEU wäre hierzu ein erster wichtiger Schritt.

3. Es geht um die Weiterentwicklung der Justiz- und Innenpolitik. Die Union muß in die Lage versetzt werden, auf Herausforderungen in den Bereichen der grenzüberschreitenden Kriminalität und der europaweiten Migration angemessen zu reagieren.
Die organisierte Kriminalität darf von den Erleichterungen für den Bürger nicht profitieren, z. B. durch die Abschaffung der Personenkontrollen an den Binnengrenzen. Zudem brauchen wir eine adäquate europäische Asyl- und Flüchtlingspolitik. Gerade in diesem Bereich erwarten die Bürger zu Recht schnelle Fortschritte.
In einem hochmobilen und grenzoffenen Europa müssen die Mitgliedstaaten gemeinsam Konzepte zur Aufnahme von Flüchtlingen und Asyl-

bewerbern entwickeln. Wir brauchen eine gemeinsame Politik, die die Lasten gleichmäßig verteilt. Dies ist Voraussetzung für eine wirksame Hilfe gegenüber den Menschen, die unserer Hilfe dringend bedürfen. Die Visapolitik und die Asylpolitik müssen in den gemeinschaftlichen Rahmen überführt und eine echte Lastenteilung bei der Aufnahme von Flüchtlingen vereinbart werden. Wir brauchen eine europäische Einwanderungspolitik. In diesen und anderen Teilbereichen der Justiz- und Innenpolitik sollte der Rat mit qualifizierter Mehrheit entscheiden.

Auch in den nicht vergemeinschafteten Bereichen der Justiz- und Innenpolitik müssen wir für eine verstärkte Anwendung von Gemeinschaftsverfahren Sorge tragen. Auf jeden Fall sollte bei Entscheidungen mit qualifizierter Mehrheit in Angelegenheiten, die den Kernbereich der nationalen Souveränität berühren, Rücksicht auf einzelne Mitgliedstaaten genommen werden, deren Interessen in ganz besonderer Weise im Einzelfall betroffen sind.

Wichtig ist, daß wir darüber nachdenken, wie Kommission und Europäisches Parlament an dem Entscheidungsprozeß im Bereich Justiz und Inneres besser beteiligt werden. Die jetzigen Beteiligungen sind unzureichend. Wie in weiten Bereichen der klassischen Gemeinschaftsmaterie handelt es sich bei der Justiz- und Innenpolitik um legislative Entscheidungen. Die Kommission sollte daher auch für den Bereich Justiz und Inneres ein umfassendes Initiativrecht erhalten. Die Beteiligung des Europäischen Parlaments sollte verstärkt werden, etwa durch die obligatorische Einführung des Anhörungsverfahrens. Zugleich werden die nationalen Parlamente in diesem Bereich auch künftig eine wichtige Rolle haben. Die Zuständigkeit des EuGH ist zur Sicherung einer einheitlichen Rechtsauslegung erforderlich.

4. Schließlich geht es auch um institutionelle Reformen, um die Handlungsfähigkeit der Union insgesamt zu stärken und sie auf die Aufnahme weiterer Staaten aus Ost- und Südeuropa, die politisch im Grundsatz längst beschlossen ist, vorzubereiten.

Der heutige institutionelle Rahmen der Europäischen Union ist geschaffen worden für die Europäische Gemeinschaft der Sechs. Es ist ganz offensichtlich, daß dieser Rahmen, der bisher nur arithmetisch bei jeder Erweiterung angepaßt worden ist, der Europäischen Union der Fünfzehn nicht mehr angemessen ist. Die nächste Erweiterungsrunde ist politisch gewollt und bereits absehbar. Eine weitere nur arithmetische Anpassung der Institutionen bei ihrer Aufnahme würde zu sachlichen, funktionalen und politischen Problemen führen. Die Union wäre an ihrem eigenen Erfolg gescheitert. Institutionelle Reformen sind daher dringend erforderlich. Sie sollten die Repräsentativität sowie die Handlungsfähigkeit und Effizienz der Union verbessern.

Repräsentativität beschreibt den Grundsatz, daß die Mitgliedstaaten und ihre Bürger in der Union in angemessener Weise repräsentiert sein müssen, um sich mit ihr zu identifizieren. Nur wenn alle Mitgliedstaaten und ihre Bürger in den Organen der Union angemessen repräsentiert sind, ist das Handeln der Union wirklich demokratisch legitimiert.

Repräsentativität ist gerade für den Rat von großer Bedeutung; denn er ist in der europäischen Rechtsetzung das wichtigste Organ. Bei zukünftigen Erweiterungsrunden werden vor allem „kleine" Staaten der Union beitreten, deren Stimmenzahl im Rat im Verhältnis zur Bevölkerung überproportional groß ist. Damit besteht die Gefahr, daß im Rat Entscheidungen getroffen werden, wobei hinter der qualifizierten Mehrheit der Stimmen ein immer geringerer Anteil der EU-Bevölkerung steht. In der europapolitischen Diskussion wird erwogen, in Zukunft im Rat der EU z. B. mit doppelter Mehrheit zu entscheiden, d. h. neben dem Stimmgewicht der Mitgliedstaaten auch auf die von ihnen vertretene Bevölkerungszahl abzustellen.

Effizienz und Handlungsfähigkeit sind Voraussetzung dafür, daß die Union eine interessengerechte und glaubwürdige Politik formulieren und verwirklichen kann. Zur Verbesserung von Effizienz und Handlungsfähigkeit bieten sich besonders zwei Bereiche an: Das System der Rotation der Präsidentschaft sowie die Modalitäten der Abstimmungen im Rat.

Nach dem derzeit geltenden Modell rotiert die Präsidentschaft alle sechs Monate zwischen allen Mitgliedstaaten nach einer vom Rat im Konsens beschlossenen Reihenfolge. Dieses Modell hat den Vorteil, daß es alle sechs Monate neue Impulse und den Ansporn gibt, in der eigenen Präsidentschaft bestimmte Ziele zu erreichen, sowie ein „europäisches Bewußtsein" fördert. Das Modell hat jedoch auch Nachteile: Die Kontinuität der Politik und der Vertretung der Union „nach innen und nach außen" leidet unter der raschen Rotation, und die wirkungsvolle Vertretung der EU nach außen ist für „kleine" Mitgliedstaaten, die kein eigenes politisches und wirtschaftliches Gewicht einbringen, gelegentlich problematisch. Darüber hinaus wird bei steigender Mitgliederzahl der Zeitraum, nach dem ein Mitgliedstaat erneut den Vorsitz übernimmt, unangemessen lang. In der Diskussion wurde deshalb vorgeschlagen, ein System der „Team-Präsidentschaften" zu schaffen: Mehrere Mitgliedstaaten, unter Beteiligung jeweils eines „großen" Mitgliedstaates, übernehmen als „Team" gemeinsam die Präsidentschaft für einen längeren Zeitraum, z. B. für 2 1/2 Jahre, d. h. es gäbe pro Wahlperiode des EP und pro Amtszeit der Kommission zwei Präsidentschaften.

Effizienz und Handlungsfähigkeit können nur gesichert werden, wenn der Rat Sachfragen weitestgehend mit qualifizierter Mehrheit entscheidet; denn Mehrheitsentscheidungen bedeuten eine dynamische Beschlußfassung auf europäischer Ebene, weil der Druck des möglichen Überstimmtwerdens die Kompromißbereitschaft aller erhöht und damit die Suche nach einem für alle akzeptablen Kompromiß erleichtert. Nur so läßt sich auch das in Mode gekommene „Geiselnehmen" verhindern, Fälle, in denen ein Mitgliedstaat so lange eine fällige Konsensentscheidung blockiert, bis er Konzessionen bei einer parallel fälligen Mehrheitsentscheidung erhalten hat. Schließlich würde ein Festhalten an Konsensentscheidungen gerade auch im Hinblick auf steigende Mitgliederzahlen bedeuten, daß fällige Entscheidungen nicht mehr rechtzeitig oder überhaupt nicht mehr getroffen werden können. Mehrheitsentscheidungen sollten daher zur Regel werden, soweit der Rat im klassischen Legislativbereich des EGV entscheidet.

Insgesamt gilt es bei der Vorbereitung der Regierungskonferenz das richtige Maß zwischen der notwendigen Zukunftsvision der EU einerseits und pragmatischer Nüchternheit bei der Erkenntnis des Machbaren zu treffen. Die Europäische Integration besitzt mit dem Vertrag über die Europäische Union eine feste Basis. Sie muß nicht erst neu geschaffen, aber den Aufgaben der Zukunft angepaßt werden.

Statement

Ivan Pilip

Am Anfang meines Beitrages möchte ich mich für die Einladung zu diesem Symposium bedanken. Ich halte diese Gelegenheit für einen weiteren Beweis, daß die Eingliederung der Tschechischen Republik in den europäischen Integrationsprozeß von unseren Freunden in der Bundesrepublik Deutschland ganz ernst genommen wird, daß nämlich der Dialog nicht nur auf das offizielle Regierungsniveau beschränkt ist, sondern auch die Ebene von verschiedenen unabhängigen Bürgergesellschaften und Stiftungen, die so wichtig ist, einschließt.

Gleichzeitig bin ich mir bewußt, welche Rolle die tschechischen Vertreter in der jetzigen Phase dieses Dialoges spielen können. Die Tschechische Republik ist noch kein Mitgliedstaat der Europäischen Union geworden, und deswegen können wir keinen Anspruch auf solche Entscheidungen erheben, die die institutionelle Ausgestaltung der inneren Struktur der Union betreffen. Darum möchte ich mich eher mit der allgemeinen Lage befassen und die allgemeinen Aspekte erläutern, die für die tschechische Regierung bei der Behandlung aktueller Themen maßgeblich sind.

Eines von diesen Themen ist der Begriff der Sozialen Marktwirtschaft. Dieser Begriff ist Gegenstand einer intensiven Diskussion in der tschechischen Presse und Öffentlichkeit geworden. Der Terminus Soziale Marktwirtschaft wird von einem ziemlich breiten Spektrum der tschechischen Politiker benutzt, von ganz links bis zur rechten Mitte. In der Folge dieser Popularität kam es jedoch zu einer Inflationierung des Begriffs, zu einer Vernebelung seines Inhaltes oder zu stark unterschiedlichen Interpretationen. Er wird sogar benutzt von der eindeutig postkommunistischen Antireformopposition.

Diese Vernebelung hängt meiner Meinung nach mit der Entwicklung dieses Konzepts in Westeuropa während der letzten 50 Jahren zusammen. Wie schon Ronald Clapham, ein profunder Kenner des Konzeptes der Sozialen Marktwirtschaft, betont hat, ist die Soziale Marktwirtschaft ein offenes System, eine Aufgabe, die nie ganz beendet ist. Gleichlaufend mit der sozialen und wirtschaftlichen Entwicklung änderten sich die Akzente des Konzepts. Ursprünglich – bei Ludwig Erhard – sollte der Staat vor allem die Freiheit der Konsumenten, also die Freiheit der Marktnachfrage und den Wettbewerb des Marktangebots durch Monopolkontrolle fördern und sichern. Später wurde der Akzent auf weitere Aktivitäten des Staates verschoben: Einerseits betrifft es die Umverteilung der Güter mit großzügigen Sozialprogrammen des Staates, andererseits verstärkte der Staat die Regulierung der Verhältnisse zwischen Arbeitgebern und Arbeitnehmern.

Im westeuropäischen Kontext ist das neuere Konzept die Konseqenz der dynamischen und erfolgreichen wirtschaftlichen Entwicklung. Die heutige Situation ist das Ergebnis eines langen Prozesses, der mehrere Jahrzehnte gedauert hat. Und trotzdem: Sogar die heutige Realität ist in einigen westeuropäischen Staaten nicht ohne Probleme; eine negative Folge ist besonders der Verlust an Konkurrenzfähigkeit.

Die tschechische Opposition verlangt eine sofortige Einführung des Systems der entwickelten Sozialen Markwirtschaft, also mit dem Schwerpunkt auf Sozial- und Wohlfahrtsstaat und ignoriert den Unterschied zwischen dem aktuellen wirtschaftlichen Potential in unserem Land und den EU-Mitgliedstaaten. Das kann die Regierung nicht akzeptieren und deswegen verwenden mehrere Regierungsmitglieder den Terminus „Marktwirtschaft ohne Attribut".

Trotz dieses politischen Streits um Begriffe bin ich überzeugt, daß die tschechische Regierung in ihren Aktionen die Hauptideen von Ludwig Erhards Konzept realisiert. Die Gründe dafür sind schließlich nicht nur wirtschaftlicher, sondern auch politischer Natur. Hier sind wir in einer ähnlichen Situation wie Deutschland nach dem Zweiten Weltkrieg. Ebenso wie Deutschland haben auch wir die monopolistische Struktur der zentralistisch geplanten Wirtschaft geerbt. Die großen Unternehmen wurden von einer kleinen Gruppe gelenkt, die einen starken Antireformeinfluß, nämlich durch eine Kombination von politischer und wirtschaftlicher Macht, hatte. Also war eine der ersten Taten der neuen Regierung und des Parlaments im Rahmen der Privatisierung, ein Antimonopolgesetz zu verabschieden sowie das Ministerium für Wettbewerb einzurichten. Dieses Amt ist bald zum Mechanismus der Exekutive geworden; das kann man mit mehreren seiner konkreten Maßnahmen beweisen.

Es gibt auch keinen Streit über das Prinzip, daß der Staat für die Sozialpolitik verantwortlich ist. Worüber diskutiert wird, sind die Prioritäten und die entsprechenden Maßnahmen dieser Sozialpolitik. Jede vernünftige Regierung muß sich bemühen, folgende zwei Prioritäten zu verfolgen:

1. die Solidarität, daß die Gesellschaft dafür mitverantwortlich ist, daß keines seiner Mitglieder ohne Mittel für die Grundlebensbedürfnisse bleibt,
2. die Entfaltung der Freiheit, aber auch der Verantwortlichkeit jedes Individuums; das heißt, die Motivation für individuelle ökonomische Aktivität nicht einzuschränken, sondern allgemein zu verbreiten und zu fördern.

Diese zwei Ziele können gegeneinander wirken. Das optimale Sozialsystem besteht in einem Kompromiß zwischen ihnen. In der europäischen Zivilisation, wo das soziale Empfinden tief im Christentum verwurzelt ist, wirkt das erste Prinzip, also das der Solidarität, sehr stark nach. Das Problem vieler Sozialsysteme in Europa besteht darin, daß das zweite Prinzip unzureichend verfolgt wird. Man kommt dann zu einer Situation, die als Paradoxon sozial ungerecht und dazu auch wirtschaftlich gefährlich ist: Eine immer kleinere Menge ökonomisch aktiver Bürger muß zusehen, daß eine immer größere Menge ihre eigene Motivation verliert und von den reichlichen Begünstigungen lebt, ermöglicht durch eine hohe Besteuerung der ersteren.

Staatliche Sozialpolitik darf nicht dem Prinzip dauerhafter Entfaltung des Individuums widersprechen, das heißt der Staat muß vermeiden, Lasten aufzubürden, die langfristig die Aktivität unternehmerischer Menschen und damit auch die Expansion der Volkswirtschaft beschränkt. Und wenn wir schon über das Verhältnis zwischen Sozial- und Wirtschaftspolitik reden, dann möchte ich folgendes betonen: Ein aussagekräftiger makroökonomischer Indikator für die Problematik überzogener sozialpolitischer staatlicher Fürsorge ist das Tempo der Inflation. Was sind die Ergebnisse einer großzügigen Erfüllung sozialer Forderungen – finanziert über Haushaltsdefizite? Die Begünstigten selbst werden geschädigt, da die Inflation den Realwert der Leistungen mindert; auch ist sie mit einer Reihe negativer Begleiterscheinungen verbunden, die die gesamte Gesellschaft treffen.

Meine Damen und Herren, meine Bemerkungen könnten hier vielleicht etwas kritisch und skeptisch scheinen. Doch es ist kein Euroskeptizismus, der uns, die Tschechen, zu diesen Überlegungen, zu dieser Stellungnahme veranlaßt. Es ist unser Verlangen, in die Europäische Union mit Würde und Verantwortlichkeit als nicht nur gleichberechtigte, sondern auch als gleichwertige Partner einzutreten.

Diskussionsbeiträge

Hermann Rappe

In der Diskussion um den Stellenwert der Ordnungspolitik in den Maastrichter Vertragswerken ist zunächst die Frage zu beantworten, was für ein Europa überhaupt angestrebt wird. Es handelt sich dabei um die grundsätzliche wirtschaftspolitische Ausrichtung, die entweder dem Modell einer freien Marktwirtschaft oder dem einer Sozialen Marktwirtschaft folgen kann. Bezüglich des Begriffes der Sozialen Marktwirtschaft besteht Klärungsbedarf, der in der europapolitischen Diskussion noch zu häufig ausgeklammert wird. In bezug auf den Einigungsprozeß der Gewerkschaften sehe ich aus der Erfahrung als Vorsitzender der Europäischen Chemiegewerkschaften, daß in Europa das Konzept einer Einheitsgewerkschaft, die sich dem sozialen Dialog stellt, auf dem Vormarsch ist. In Deutschland haben sich jedoch aufgrund spezifischer politischer Bedingungen seit 1918 verfassungstreue, parlamentsgewohnte Gewerkschaften entwickelt, die in einer demokratischen Tradition verwurzelt sind. Aus Furcht vor einer mangelhaften Demokratisierung auf EU-Ebene tendieren sie daher dazu, sich gegen den Gedanken einer europäischen Einheitsgewerkschaft zu stellen.

Im steten Bemühen um die Verwirklichung des Konzeptes der Sozialen Marktwirtschaft ergeben sich aus Sicht der Gewerkschaften gemeinsame Interessen mit der Bundesregierung. Diese beziehen sich zunächst auf das Bestreben, das Konzept der Sozialen Marktwirtschaft auf einer europäischen Ebene mit unseren Nachbarn zu gestalten. Ferner besteht Einigkeit bei der Sicherung der Tarifautonomie sowie der Selbstverwaltung der Sozialversicherung. Darüber hinaus gehören der Ausbau des dualen Ausbildungssystems und der Berufsgenossenschaften ebenso zu den grundsätzlichen Gemeinsamkeiten wie schließlich der Schutz des Betriebsverfassungsgesetzes und der betrieblichen Mitbestimmung. Aus Gewerkschaftssicht kann jedoch unter Sozialer Marktwirtschaft nicht ein Angleichen der Tarifverträge innerhalb Europas auf unterer Ebene verstanden werden.

Für die jeweiligen Steuersysteme wie auch für die Sozialpolitiken der Mitgliedstaaten wird es auf absehbare Zeit unwahrscheinlich sein, einheitliche Regelungen auf europäischer Ebene zu erreichen. Dies liegt vor allem in der Tatsache begründet, daß die Mitgliedstaaten vor dem Hintergrund ihrer jeweiligen Geschichte andere gesellschaftspolitische Prioritäten entwickelt haben. Dies äußert sich beispielsweise, wenn es um die Festlegung von Löhnen und Gehältern geht. Eine europäische Einheitlichkeit ist hier nicht gegeben. Europa wird sich vielmehr mit verschiedenen Geschwindigkeiten weiterentwickeln, und zwar in allen Bereichen. Die Fakten werden dabei von der hohen Politik gesetzt, nicht von der Finanz- oder Wirtschaftspolitik. Dies läßt sich insbesondere auch am Beispiel der Wirtschafts- und Währungsunion zeigen, über deren politische Motivation sich alle Beteiligten einig sind, deren wirtschaftspolitische Implikationen aber äußerst umstritten bleiben. Insbesondere vor dem Hintergrund unterschiedlicher Integrationsgeschwindigkeiten, beispielsweise im Zusammenhang mit der Währungsunion, erscheint ein europäischer Gewerkschaftsbund sinnvoll, da nur ein solcher in der Lage ist, die gewerkschaftlichen Kräfte zu bündeln und so deren Einfluß zur Geltung zu bringen.

Dem Pessimismus, daß Europa sich mit der Währungsunion inneren Spannungen aussetzt, die so groß sind, daß sie dem Integrationsprozeß entgegenwirken und nationalistische Kräfte freisetzen, halte ich entgegen, daß die Integration Europas keine freie Entscheidung ist, sondern Notwendigkeit, um gegen andere Blöcke bestehen zu können. Von Maastricht II erwarte ich eine zügige Erweiterung der Union und dort, wo der Bedarf vorhanden ist, auch Vertiefung. Erweiterung und Vertiefung sind keine sich widersprechenden Entwicklungen, vielmehr wird der weitere Integrationsprozeß Elemente von beidem enthalten.

Jan Kleinewefers

Folgendes möchte ich meinem Statement vorausschicken: Ich äußere mich nicht primär als Vertreter meines Verbandes, des VDMA, sondern als mittelständischer Unternehmer und politisch und volkswirtschaftlich interessierter Staatsbürger.

Seit langem stelle ich fest, daß der Inhalt der „Sozialen Marktwirtschaft" immer mehr verschwimmt: Ludwig Erhard ist lange tot, der Gedanke der Ordnungspolitik ist in den Köpfen und folglich erst recht in der Politik kaum noch vorhanden. Was bleibt ist ein „pragmatisches" Weitertreiben durch die Politik, die Unternehmen, durch Verbände und Gewerkschaften. „Thatcherismus" mag in Deutschland nicht gewollt sein; ein Aufbrechen vieler Verkrustungen ist jedoch dringend erforderlich und: Wo gehobelt wird, da fallen Späne, und sie müssen fallen, sonst bleibt der Wirtschaftspolitik leider nur ein „muddling through", wie schon seit langem.

Die Malaise der Regierungskonferenz Maastricht II entsteht daraus, daß schon Maastricht I – besonders zur Beruhigung Frankreichs – mit heißer Nadel gestrickt wurde, bevor die Wiedervereinigung und die Umwälzungen in Osteuropa verkraftet waren und bei ständigen Änderungen der Ausgangsbedingungen. Da also die europäischen Regelwerke unzulänglich sind, plädiere ich für die pragmatische Vorgehensweise der Briten.

Meines Erachtens sind die europäischen Institutionen und das Maß an Konsens für eine Vertiefung der Union in vieler Hinsicht noch nicht reif. Aus diesen Gründen gebe ich einer Erweiterung der Europäischen Union eindeutig den Vorzug vor der Vertiefung. Die mittelosteuropäischen Staaten müssen so bald wie möglich eingebunden werden.

Auch aus der Sicht des Maschinenbaus sind die geld-, fiskal- und steuerpolitischen Fragen zentrale Themen für eine Währungsunion. Die Stabilität der neuen Währung muß gewährleistet sein. Die Konvergenzkriterien sind einzuhalten und für die Zeit nach Beginn der Währungsunion sind Sanktionsmechanismen bei fiskalpolitischem Fehlverhalten notwendig. Jetzt verläßliche Rahmenbedingungen zu schaffen, ist aus Sicht der Unternehmen außerordentlich wichtig, damit genügend Zeit für die Vorbereitung der Währungsumstellung bleibt. Außerdem müssen die Erwartungen stabilisiert werden. Sollte die Währungsunion inflationäre Wirkungen zeitigen, ist man zwar als Unternehmer durchaus in der Lage, damit jeweils kurzfristig fertig zu werden. Dennoch ist Inflation neben ihren schlimmen sozialen Auswirkungen (Sparer, Rentner) bekanntlich langfristig das Beschäftigungs- und Wachstumshindernis Nr. 1. Der Maschinenbau als Investitionsgüterbranche ist in besonderem Maße auf verläßliche Rahmenbedingungen angewiesen: Investitionen werden langfristig geplant.

Formal hat die europäische Währung durch den unabhängigen Status der Europäischen Zentralbank ein wesentliches Element an Sicherheit. Die formelle Unabhängigkeit der Europäischen Zentralbank geht sogar weiter als die der Deutschen Bundesbank. Allerdings ist die Zusammensetzung ihrer Gremien politischem Willen unterworfen. Auch bei der Errichtung und der personellen Besetzung der Europäischen Zentralbank ist also auf die Durchsetzung der stabilitätspolitischen Ziele zu dringen.

Die europäische Einigung ist insgesamt, da stimme ich mit Herrn Rappe überein, stark politisch motiviert. Die verstärkte Einbindung des wiedervereinigten Deutschland in ein Europa, das durch sich neu artikulierende Nationalismen – nicht nur in Osteuropa – anhaltenden politischen Instabilitäten ausgesetzt sein könnte, spielt bei allem eine entscheidende Rolle.

Norman Stone[1]

Norman Stone warnt davor, von der Abschaffung des Einstimmigkeitsprinzips in vitalen Fragen einen positiven Anstoß für die Europäische Integration zu erwarten. Das Einstimmigkeitsprinzip finde seinen Sinn darin, daß der Fortgang des europäischen Einigungswerks von der Zustimmung aller Mitgliedstaaten getragen sein müsse. Wenn einige sich von den anderen majorisiert fühlten, müsse damit gerechnet werden, daß die EU auf noch weniger positive Resonanz bei der Bevölkerung stoße. Auch könne nicht ausgeschlossen werden, daß Nettoempfängerländer über Mehrheitsentscheidungen die wenigen Nettozahler erpressen könnten. Im übrigen rechne er nicht damit, daß Frankreich und Großbritannien ihr Vetorecht aufgeben würden. Für Frankreich gelte, daß sich die politische Klasse nach wie vor der Position Charles de Gaulles verbunden fühle, Entscheidungen, die gegen die vitalen Interessen Frankreichs gerichtet seien, blockieren zu müssen. An der von de Gaulle im sogenannten „Luxemburger Kompromiß" durchgesetzten Rechtsposition werde festgehalten. Dasselbe gelte für Großbritannien, gleichgültig ob es von den Konservativen oder von „Labour" regiert werde. Zur Nettozahlerposition Deutschlands merkte er an, daß sie ihre Rechtfertigung nicht darin finden könne, von der Europäischen Gemeinschaft mehr als andere Mitgliedstaaten profitiert zu haben. Das sei ein Mythos. Er führe den wachsenden Wohlstand Deutschlands in der Nachkriegszeit nicht auf die Existenz der Europäischen Gemeinschaft und ihrer einzelnen Institutio-

---

[1] Nach schriftlichen Notizen erarbeitet.

nen zurück, sondern auf die vorbildhafte Wirtschaftspolitik Ludwig Erhards, auf den Freihandel in Europa und der Welt generell und auf die Schaffung einer soliden und anerkannten Währung. Europa sei für Deutschland eine nützliche Vision gewesen, doch könne sich die deutsche „Milchkuh" idealistische Träume von Europa nicht länger leisten.

Überhaupt glaube er, daß die EU bei ihrer Absicht, die institutionell organisierte Integration voranzutreiben (Vertiefung), auf einem Holzweg sei. Sie laufe dabei Gefahr, ihrer großen historischen Aufgabe und Chance, Europa nach dem Fall der sozialistischen Knechtschaft zu einen, nicht gerecht zu werden. Er habe bisweilen den Eindruck, die EU konzentriere sich bei der Regierungskonferenz so sehr auf die institutionelle Vertiefung, weil sie sich nicht mit der Frage der Erweiterung befassen wolle. Dann würde sie nämlich feststellen, daß der Weg der institutionellen Integration auf wesentlichen Feldern – Agrar-, Kohäsions-, Industrie- und Währungspolitik – auf dem Holzweg sei. Er setze stattdessen auf das marktwirtschaftliche Konzept einer großen Freihandelszone, in das die mittel- und osteuropäischen Staaten schon jetzt integriert werden könnten. Im übrigen werde sich zeigen, daß die Beitrittsschwierigkeiten weniger bei den beitrittswilligen Staaten als bei der EU lägen.

IV Europa – Vielfalt statt bürokratischer Einfalt

Europa – Vielfalt statt bürokratischer Einfalt

Tyll Necker

Sie haben heute bereits hochinteressante Vorträge über aktuelle Fragen der Europapolitik gehört. Was kann ich Ihnen da Neues zum Abendessen bieten? Herr Professor Starbatty hat mir vorgeschlagen, Grundsätzliches und Nachdenkliches aus meiner Sicht über Europa vorzutragen. Nicht unbedingt leichte, aber gut verdauliche Kost. – Ich will es versuchen.

Schon als Schüler und Student habe ich mich für Europa engagiert. Kurz nach dem Zweiten Weltkrieg bedeutete für mich die Europa-Bewegung eine große Chance, Haß und Feindseligkeiten zu überwinden und Deutschland aus einer gefährlichen Isolation herauszuführen. So dachten viele meiner Altersgruppe. Helmut Kohl, Alfred Herrhausen und ich wurden im selben Jahr 1930 geboren. Uns war und ist die „Gnade der späten Geburt" immer zugleich eine Verpflichtung zum Frieden und zur Völkerverständigung gewesen.

Wirtschaftliche Aspekte, die heute eine so wichtige Rolle spielen, traten damals dagegen deutlich zurück. Die Weltmacht Sowjetunion hatte ihren Machtbereich bis an die Elbe ausgedehnt und wurde fast täglich als übermächtige Bedrohung für Westeuropa empfunden. Das erzwang geradezu ein Zusammenrücken der westlichen Demokratien. Eine europäische Verteidigungsunion war daher ein zweites starkes Motiv für eine enge Zusammenarbeit in Westeuropa. Bekanntlich scheiterte sie am Widerstand in Frankreich.

Mit den Römischen Verträgen von 1958 wurde dann die Wirtschaft zu einem dynamischen Motor für die europäische Zusammenarbeit. Die Abschaffung aller Zölle innerhalb der Zollunion der sechs Gründungsmitglieder beschleunigte die Arbeitsteilung und intensivierte den Wettbewerb. Große Wohlstandsgewinne machten die Europäische Gemeinschaft für immer mehr Länder attraktiv. Als besonders genial erwies sich der Abbau der

Zölle in zehn gleichen Schritten. So entstand Kalkulierbarkeit, und Strukturbrüche wurden vermieden.

Ich wünschte mir, daß unsere Politiker diese hocherfolgreiche Methode öfter anwenden würden: Ein Ziel wird definiert, auf das in verkraftbaren Schritten nach einem festen Zeitplan zugegangen wird. Für die unbedingt erforderliche Umstrukturierung unserer Sozialsysteme z. B. böte sich dieses Vorgehen besonders an – wenn denn Klarheit über das gewollte Konzept bestünde.

Die 60er Jahre wurden für die europäische Gemeinschaft zu einer großartigen Erfolgsstory:

– Aus der unseligen „Erbfeindschaft" zwischen Frankreich und Deutschland wurde eine enge Zusammenarbeit,
– Europa war eine der stärksten Wachstumsregionen der Welt,
– ein Rückfall in nationales Denken konnte weitgehend verhindert werden.

Der Einmarsch von Truppen der Sowjetunion und der „sozialistischen Bruderländer" in die damalige Tschechoslowakei (Prag 1968) demonstrierte der Welt in kaum zu überbietender Eindringlichkeit die Unterschiede des östlichen und des westlichen Weges:

– In Mittel- und Osteuropa erzwang eine Hegemonialmacht die Zusammenarbeit mit harter Knute,
– im Westen die freiwillige Kooperation freier Völker, die zunehmend bereit waren, auch weitgehende Souveränitätsrechte auf Gemeinschaftsorgane zu übertragen.

Doch wie würden die europäischen Institutionen mit ihren neuen Regelungskompetenzen umgehen? Sehr schnell wurden zwei unterschiedliche Grundkonzeptionen erkennbar:

– Die Fraktion der „Staatsgläubigen" erstrebt so viel Vereinheitlichung aller Rechtsvorschriften und Lebensbedingungen durch europäische Rechtsnormen wie möglich,
– die Fraktion der „Liberalen" möchte so viel wie möglich dem Wettbewerb der Ideen und Systeme überlassen.

Hier also die „Zentralisten", die auf die Weisheit von Gesetzen und Behörden vertrauen, und dort die „Liberalen", die möglichst viel einem „trial and error" Prozeß unterwerfen wollen. Sie sind überzeugt, daß sich die besseren Regelungen in einem Ausleseprozeß im Wettstreit der Ideen bewähren müssen. Um diesen Widerspruch zweier Denkrichtungen wird jetzt und in Zukunft immer wieder gerungen werden müssen, auch wenn im Maastricht-Vertrag das Subsidiaritätsprinzip festgeschrieben wurde. Das wirft die Frage auf: Was muß „harmonisiert", was also vereinheitlicht werden?

Sicher ist es nützlich, wenn z. B. bei Autos der Gashebel und die Bremse immer an der gleichen Stelle sind. Das trägt zur Fahrsicherheit bei. Gleiches gilt für Regeln des Umweltschutzes bei grenzüberschreitenden Umweltbelastungen. Und Verkehrs- und Infrastrukturnetze müssen zweifellos mit allen Nachbarn abgestimmt werden, zumindest wenn Grenzen überschritten werden sollen.

Wie aber steht es z. B. um eine Vereinheitlichung der Sozialpolitik? Wer hier weitgehende Harmonisierung verlangt, um angebliches „Sozialdumping" zu verhindern, will Besitzstände der Reichen zu Lasten der Habenichtse bewahren. Wie sollen denn die armen Länder mit begrenzter Produktivität und schlechter Kapitalausstattung erfolgreich konkurrieren, wenn sie ihre geringeren Ansprüche und Kosten einerseits und längeren Arbeitszeiten andererseits nicht einsetzen dürfen?

Wer im übrigen glaubt, daß Wettbewerb immer zum „Eintopf" auf niedrigstem Niveau führt, der braucht sich nur die Realitäten auf dem Automarkt anzusehen. Hier hat die Konkurrenz zu einer großen Vielfalt der Modelle und keineswegs zum „Einheitstrabbi" geführt. Wer Besseres bietet, kann auch mehr verlangen. Nur das Verhältnis von Preis zu Leistung muß aus Sicht des Kunden stimmen.

Das kleine alte Europa hat die Welt bewegt, weil auf engstem Raum über Jahrhunderte im Wettbewerb der Ideen große kulturelle, technische und wissenschaftliche Errungenschaften entstanden sind. In Europa wurde die Idee der persönlichen Freiheit, des Respektes vor dem Individuum und der Einforderung der Menschenrechte, auch gegen Staat und Kollektiv, geboren. Auch heute braucht Europa vor allem mehr Wettbewerb und Vielfalt statt bürokratischer Einfalt. Das „ob" einer europäischen Gemeinschaft steht in Deutschland praktisch nicht mehr zur Diskussion. Aber um das „wie" muß immer wieder gerungen werden.

In den 60er Jahren konnte die Frage: Hat uns Europa weitergebracht? eindeutig positiv beantwortet werden. Heute müssen wir feststellen, daß sich andere Regionen dynamischer entwickeln. Europa ist relativ zurückgefallen. Es hat deutlich Marktanteile auf wichtigen Wachstumsmärkten verloren. Die Europäische Union schneidet bei der Schaffung von neuen Arbeitsplätzen weit schlechter ab als z. B. die USA und Japan. Besonders bedenklich ist für mich die hohe, sich verfestigende Langzeitarbeitslosigkeit.

Ist also der gemeinsame Binnenmarkt und die europäische Union der falsche Weg? Keineswegs! Aber immer, wenn hoheitliche oder monopolistische Regelungen uns vom Pfad des Wettbewerbs und des Marktgleichgewichtes entfernen lassen, müssen wir dies mit Effizienz- und Wohlstandsverlusten bezahlen. Der Agrarmarkt ist ein solches Beispiel.

Globalisierte Märkte wirken wie kommunizierende Röhren. Haben andere Staaten

- eine niedrigere Staatsquote und eine wirtschaftlichere öffentliche Verwaltung,
- weniger regulierte Märkte z. B. für Arbeit und Arbeitskosten oder auf dem Sektor der Telekommunikation,
- ein stärker an Chancen orientiertes Denken als bei uns mit unserer Sicherheitsmentalität und unserem Festhalten an Besitzständen,

dann schieben sich diese Staaten im internationalen Wettbewerb relativ nach vorn.

Die europäische Antwort kann nur lauten:

- mehr Offenheit für Wettbewerb nach innen und nach außen,
- mehr Bereitschaft zum Strukturwandel,
- soviel Markt wie möglich und nur soviel Staat und Vereinheitlichung wie unbedingt nötig.

Wirtschaftlich bedeuten der Fall des eisernen Vorhanges und die Öffnung der mittel-osteuropäischen Staaten für den Westen eine große Chance. Gelingt uns eine gesamteuropäische Arbeitsteilung, so können wir die niedrigen Kosten bei qualifizierten Menschen vor unserer Haustür nutzen, um unsere internationale Wettbewerbsfähigkeit zu erhalten. Ganz Europa könnte mit einem großen Wachstumsschub rechnen. Schmerzhafte Geburtswehen und der Verlust liebgewordener Besitzstände sind allerdings einzuplanen.

Auch hier gilt: Wer nicht wagt, der nicht gewinnt. Niemand sollte aber glauben, daß die krassen Wohlstandsunterschiede zwischen Ost und West ohne erhebliche Spannungen Bestand haben können.

„Wohlstand für alle" – dieses Wort von Ludwig Erhard muß auch das Leitmotiv für die Entwicklung bei unseren östlichen Nachbarn sein. Ein solcher Prozeß braucht allerdings Zeit und stabile politische und demokratische Verhältnisse.

Für das Zusammenleben in einer europäischen Union brauchen wir Spielregeln und handlungsfähige Institutionen. Ein Vetorecht kennen bewährte Verfassungen nur zum Schutz absoluter Grundwerte. Für Verfassungsänderungen reicht eine 2/3-Mehrheit und für einfache Gesetze eine einfache Mehrheit.

In Europa brauchen wir einerseits eine höhere Legitimation zentraler politischer Entscheidungen und andererseits die Verhinderung einer übergroßen Schwerfälligkeit, wenn zu viele Entscheidungen der Einstimmigkeit bedürfen. Erpressungspotential fördert nationalen Egoismus und Frustrationen. Was bei sechs Mitgliedstaaten in der Gründerphase noch halbwegs funktionierte, wird um so problematischer, je größer die Zahl der Mitglieder und je unterschiedlicher ihr Entwicklungsstand und ihre Interessen sind.

Ich kann mir nur einen abgestuften Grad der Integration auf verschiedenen Feldern vorstellen:

– Eine gemeinsame Währung nur mit Ländern mit vergleichbarem Stabilitätsbewußtsein in der Geld- und Finanzpolitik. Stabiles Geld ist wichtiger als einheitliches Geld. Einheitliches und stabiles Geld muß unser Ziel ohne Kompromisse bleiben.
– Ein einheitliches Rechtssystem in Europa setzt vergleichbare Rechtsauffassungen voraus. Die islamische Scharia geht von anderen Wertvorstellungen aus und ist damit nicht integrationsfähig.
– Unterschiedliche wirtschaftliche Entwicklungsstände sind um so leichter integrierbar, je größer der Entscheidungsspielraum für den Markt ist und je begrenzter Transfersysteme die Geduld der Steuerzahler strapazieren.

Die Entwicklung zu großen politischen Einheiten und Räumen muß den Wunsch nach überschaubarer Heimat wachsen lassen. Nur das Gefühl regionaler Geborgenheit schafft Akzeptanz und Mut für neue politische Horizonte. Um so mehr wir von Europa sprechen, um so besser muß unsere Politik in den Gemeinden, den Ländern und dem Bund werden. Sonst folgen die Menschen nicht mehr „ihren Führern". Nur Menschen, die sich mit ihrer engeren Heimat identifizieren, werden gute Europäer werden.

Europa war über die Jahrhunderte ein Schlachtfeld der Völker und Ideologien. Dies gilt es, endgültig zu überwinden.

Europa hat zugleich seine weltgeschichtliche Rolle dem Wettbewerb der Ideen zu verdanken. Diese Offenheit und den Wettbewerb um die besten Lösungen für die Menschen gilt es zu bewahren.

Im Sinne Karl Poppers plädiere ich in und für Europa für eine offene Gesellschaft zur Erhaltung und Gestaltung unserer Zukunftsfähigkeit.

V Überlegungen und Empfehlungen zur Währungsunion

Überlegungen und Empfehlungen der Aktionsgemeinschaft Soziale Marktwirtschaft zur Währungsunion

Rolf Hasse, Joachim Starbatty

1. Befürworter der Währungsunion leugnen nicht die mit diesem Ziel verbundenen Risiken; sie verweisen aber auf ungleich größere Vorteile: Wegfall von Informations- und Transaktionskosten, ein einziger großer Kapitalmarkt, ein entscheidendes Gegengewicht gegenüber Dollar und Yen. Vor allem zeigten die niedrigen Inflationsraten in den Mitgliedstaaten der EU, daß sich inzwischen überall ähnliche Stabilitätskulturen gebildet hätten.

Wenn das wirklich so wäre, bräuchten die Befürworter nicht so allergisch auf den Vorschlag der Verschiebung des Starttermins zu reagieren. Eine Verschiebung soll ja sicherstellen, daß die Verschuldungskriterien nicht wegen kreativer Buchführung, sondern wegen struktureller Änderungen in den nationalen Haushalten erreicht werden; dann stiege auch das Vertrauen der Bevölkerung in den Euro. Hält man wie der Präsident des Bundesverbandes der Deutschen Industrie, Hans-Olaf Henkel, eine Verschiebung für katastrophal, weil dann die Nachbarländer veranlaßt sein könnten, von ihrer Stabilitätspolitik abzurücken, so zeugt das gerade nicht von Vertrauen in die Nachhaltigkeit einer gemeinsamen europäischen Stabilitätskultur.

Derartige politische Argumentationen dokumentieren, daß sich an dem „Prinzip Tietmeyer" – die Geldwertstabilität als eine dem politischen Prozeß vorgegebene Spielregel – die europäischen Geister weiterhin scheiden. Eine persönliche Stellungnahme aus einem hohen Haus in Frankfurt/M. – gewonnen aus unmittelbarer persönlicher Erfahrung – bestätigt diese Einschätzung: „Es ist der Öffentlichkeit allenfalls in Ansätzen klar, welch gewaltige Unterschiede im konzeptionellen Denken, in fest verwurzelten

Traditionen, in Finanzmarktstrukturen, im Rechtsbereich, in einer Unzahl von technischen Systemen und – last but not least – in rein finanziellen Interessen noch zwischen den europäischen Nationen bestehen".

Auf jeden Fall gilt, daß die Stabilitätskultur Teil des deutschen Selbstverständnisses ist. Die Rechtskultur und damit das deutsche Privat- und Wirtschaftsrecht sind darauf ausgerichtet, daß die Bürger und auch die öffentliche Hand auf die Stabilitätsverpflichtung und das Stabilitätsversprechen der Deutschen Bundesbank vertrauen können. Dieses Basisvertrauen hat sich in der Praxis gebildet und ist mindestens so wichtig wie die gesetzliche Absicherung. Daß die Unabhängigkeit der Bundesbank in Deutschland bloß in einem Gesetz geregelt ist, das im Deutschen Bundestag mit einfacher Mehrheit aufgehoben werden könnte, ist zweitrangig: Jede Regierung weiß, daß ein Sturm der Entrüstung sie aus dem Amt fegen würde, wollte sie die stabilitätspolitische Verantwortung der Deutschen Bundesbank aufweichen.

Die Aktionsgemeinschaft Soziale Marktwirtschaft vertritt mit Nachdruck die Auffassung Ludwig Erhards, daß ein stabiler Geldwert die wirksamste Sozial- und Gesellschaftspolitik sei. Sie macht darauf aufmerksam, daß bei einem Geldvermögensbestand von gut 5 Bio. DM in Deutschland jeder Prozentpunkt Inflation einen jährlichen Realverlust von 50 Mrd. DM bedeute.

2. Die Aktionsgemeinschaft Soziale Marktwirtschaft befürchtet, daß die Voraussetzungen für ein Stabilitätsvertrauen in der Währungsunion nicht in gleichem Maße gegeben sind. Der von Bundesfinanzminister Theodor Waigel vorgeschlagene Stabilitätspakt wurde von der Kommission und auf Druck der französischen Delegation in „Stabilitäts- und Beschäftigungspakt" umgetauft und entschärft. Ferner wollen das Europäische Parlament, die Kommission und die Mehrheit der EU-Mitgliedstaaten im EG-Vertrag neben der Verpflichtung zur Preisstabilität durch das Europäische System der Zentralbanken ein Beschäftigungsziel verankern. Damit würde rechtlich und faktisch die Priorität der Preisniveaustabilität unterminiert. Die Tarifvertragsparteien können dies als ein Signal verstehen, daß sich die Politik für Vollbeschäftigung verantwortlich fühlt und daß sie sich insoweit dieser Verpflichtung entziehen können. Die Verantwortung für Beschäftigung würde faktisch zentralisiert und politisiert.

Dies liefe der politischen Notwendigkeit der Deregulierung der Arbeitsmärkte zuwider. Es ist eine politische Binsenweisheit, es ist theoretisch beliebig oft nachgewiesen und empirisch dauernd schmerzlich erfahren worden, daß die Politik durch unmittelbare Aktionen keine rentablen Arbeitsplätze schaffen kann. Zu diesem Wissen gehört auch die Erkenntnis, daß dann der Druck auf die Notenbank wächst, um der Wirtschaft mittels inflatorischen Dopings über strukturelle Probleme hinwegzuhelfen. Und bestellte „wissenschaftliche" Gutachten, stabilitätsorientierte Geldpolitik hindere, Beschäftigungschancen wahrzunehmen, werden sich sicherlich finden lassen. Die Illusion, die Inflation als „social mollifier" (Martin Bronfenbrenner) einsetzen zu können, ist allzu verführerisch. Gegen eine große Koalition aus Gewerkschaften, Politik und wahrscheinlich auch Großunternehmen sowie Verbänden, die eine kostenmäßige Entlastung durch Inflation wünschen und auf eine Abwertung des Euro hoffen, wird sich die Notenbankleitung – und mag ihr Statut auch noch so wasserfest sein – auf Dauer nicht durchsetzen können. Geldpolitik wird nicht im politisch luftleeren Raum betrieben. Auftrag und Umfeld müssen stabilitätsorientiert gestaltet sein.

Die Aktionsgemeinschaft Soziale Marktwirtschaft fordert die Bundesregierung auf, von ihrem Veto-Recht gegenüber politischen Bestrebungen Gebrauch zu machen, eine politische Verpflichtung auf Vollbeschäftigung im EG-Vertrag zu verankern.

3. In diesem Sachzusammenhang muß auch die Einrichtung eines Stabilitätsrates der europäischen Staats- und Regierungschefs gesehen werden. Die Befürworter eines derartigen wirtschaftspolitischen Gremiums auf Gemeinschaftsebene argumentieren, daß der Stabilitätsrat gegenüber der Europäischen Zentralbank keinerlei Kompetenzen erhalten würde. Dies wäre ohnehin vertragswidrig oder würde ein Verfahren nach Art. N des EU-Vertrages erfordern. Er soll auf Wunsch der französischen Regierung eingerichtet werden, die eine dem politischen Kalkül enthobene Notenbank weiterhin ablehnt, weil sie nicht der eigenen politischen Tradition entspricht.

Der französische Staatspräsident Jacques Chirac (Dezember 1996) hat das Ziel eines solchen Stabilitätsrates klar benannt: „Es ist notwendig, daß gegenüber der Europäischen Zentralbank eine politisch verantwortliche

Institution besteht. Das sollte ganz einfach der Europäische Rat sein, d. h. eine politische Macht, die in der Lage ist, der monetären Macht klar die Grenzen ihres Handelns aufzuzeigen". Da gemäß Stabilitätspakt die nationalen Finanzpolitiken aufeinander abgestimmt werden sollen, wird sich ein solcher Rat vorrangig um die Frage kümmern, welche Geldpolitik seiner Auffassung nach wirtschaftspolitisch angemessen sei. In der EU würde es kein höherrangig legitimiertes wirtschaftspolitisches Gremium als diesen Stabilitätsrat geben. Das Gewicht seines Votums würde seinen Eindruck auf die Europäische Zentralbank nicht verfehlen. Die Vertreter einer konsequenten Stabilitätspolitik würden von vornherein in die Defensive gedrängt.

Die Aktionsgemeinschaft Soziale Marktwirtschaft lehnt die Einrichtung eines Stabilitätsrates ab. Sie befürchtet die Aushöhlung der Unabhängigkeit der Europäischen Zentralbank und die Aufweichung eines stabilitätsorientierten Kurses. Ein Entgegenkommen, um den politischen Partner zu besänftigen, ist dem stabilitätspolitischen Auftrag nicht dienlich.

4. Erst in den beiden letzten Jahren läßt sich beobachten, daß die einzelnen Mitgliedsländer sich ernsthaft bemühen, die Verschuldenskriterien des Art. 104c zu erfüllen. Doch vermißt das Europäische Währungsinstitut eine nachhaltige Konvergenz. Die Annäherung an die Kriterien erfolgt zu stark über ad hoc-Sparmaßnahmen und mit Hilfe „kreativer Buchführung", um zu einem bestimmten Zeitpunkt das gewünschte Ergebnis vorzeigen zu können: Die strukturellen Änderungen in der Haushaltsführung bleiben zu schwach, wenn mit Goldverkäufen und Privatisierungserlösen zu einem Stichtag die Staatseinnahmen erhöht sowie Vorauszahlungen geleistet und Ausgaben verschoben werden. Da die Haushaltsführung strukturell nicht verändert wurde, bleibt die eigentliche Aufgabe ungelöst. Die nationalen finanzpolitischen Hypotheken engen den Spielraum der zukünftigen Geldpolitik ein.

Da die budgetpolitischen Hausaufgaben mithin noch zu bewältigen sind, fällt den Vorschriften für die zukünftige finanzpolitische Disziplin entscheidende Bedeutung zu. Die Kann-Bestimmungen des Artikels 104c gewährleisten dies nicht. Der von Theodor Waigel vorgeschlagene Stabilitätspakt hatte zum Ziel, daß sich alle Länder einer strengen finanzpolitischen Disziplin unterwerfen sollten, die insofern dem politischen Streit enthoben würde. In konjunkturellen Dürrejahren hätte die Verschuldung ansteigen können, ohne daß sie das Kriterium von 3% überschritten hätte. Die jetzt gewählte Regel der politischen Abstimmung über finanzpolitische Sünder politisiert dagegen den finanzpolitischen Koordinierungsbedarf in der EU. Sollte tatsächlich umgesetzt werden, was im Frühjahr 1997 in Nordwijk verabredet wurde – die „Sünder" zahlen und mindern so die finanziellen Verpflichtungen der „Musterschüler" –, so fördert dies vermutlich nicht die Europa-Begeisterung. Ferner ist die Verbindlichkeit des Stabilitätspakts höchst zweifelhaft. Völkerrechtlich ist er gegenüber dem Maastricht-Vertrag minderes Recht, da er nicht von den nationalen Parlamenten ratifiziert wurde; auch sind Forderungen aus dem Stabilitätspakt vor dem Europäischen Gerichtshof nicht einklagbar. Und dennoch glaubt man (oder nicht?), mit ihm die originären Rechte der nationalen Parlamente beschränken zu können.

Die Aktionsgemeinschaft ist daher in Sorge, daß unterschiedliche nationale Haushaltsführungen in der EU zu nachhaltigem und entzweiendem Streit führen werden. Bislang sind diese über unterschiedliche nationale Zinsniveaus ausbalanciert worden; wirtschaftspolitische Qualitätsunterschiede wurden über Auf- und Abwertungen ausgeglichen. Was bisher über Märkte geregelt wurde, wird in Zukunft einem bisher nicht überzeugenden politischen Management übertragen.

5. Eine weitere schwere Hypothek für die Wirtschafts- und Währungsunion ist die Entwicklung auf den Arbeitsmärkten innerhalb der EU. In großen öffentlichen Anzeigen wird die Währungsunion als Voraussetzung für mehr Beschäftigung ausgelobt: Kurssicherungskosten fielen weg und Unternehmen könnten auf längere Sicht planen. Ähnliche Hoffnungen wurden mit der Gründung des Europäischen Währungssystems verbunden. Sie haben sich nicht erfüllt. Die Arbeitslosigkeit in der Europäischen Union liegt allein in den verkrusteten Arbeitsmarktstrukturen und in den überfrachteten Sozialsicherungssystemen begründet. Nationale und internationale Experten haben diese Diagnose immer wieder gestellt und auch Abhilfe angemahnt. Eine Umkehr nur durch die Schaffung der Währungsunion ist nicht zu erwarten. Im Gegenteil – die politischen Bestrebungen, im Maastricht-Vertrag ein Beschäftigungsziel zu veran-

kern, zeigen, daß die Mehrzahl der Politiker noch der Illusion nachhängt, über deklamatorisches Wollen anstatt über Reformen der Arbeitsmärkte der Arbeitslosigkeit Herr werden zu können.

In der Wirtschafts- und Währungsunion fallen für die Mitgliedstaaten die Geld- und Wechselkurspolitiken als nationale Aktionsparameter aus. Die nationale Finanzpolitik wird nur noch eingeschränkt zur Verfügung stehen, wenn man nicht ständig auf der Anklagebank sitzen will. Die Hauptanpassungslast, um unterschiedliche nationale und regionale Produktivitätsentwicklungen auszugleichen oder um auf endogene und exogene Schocks zu reagieren, wird auf den regionalen Arbeitsmärkten liegen; also ausgerechnet die Bereiche müssen reagieren – mit Lohnzurückhaltung oder Leistungskürzungen –, die sich bisher als am wenigsten reagibel gezeigt haben.

Befürworter der Währungsunion erwarten, daß in der neuen Welt der Währungsunion der Druck auf die nationalen Tarifpartner stärker werde. Der unmittelbare Zugang zur Notenpresse sei versperrt und Abwertungen als Mittel der Beschäftigungsförderung entfielen. Sie erhoffen sich eine Auflösung des Problemstaus auf supranationaler Ebene, nachdem die nationalen Regierungen gegenüber dieser Aufgabe versagt haben. Die Erfahrungen aus der politischen Wirklichkeit und die theoretischen Sätze der Neuen Politischen Ökonomie lassen ein anderes Szenario als wahrscheinlich erscheinen: Der politische Druck in Richtung Erhöhung der Kohäsionsfonds und anderer Instrumente des Finanzausgleichs, um einer Abwanderung von Arbeit und Kapital entgegenzuwirken, sowie in Richtung Aufweichung der Geldpolitik, um über mehr Mittel zur Bekämpfung der Arbeitslosigkeit zu verfügen, wird wachsen. Der Keynesianismus betritt die Bühne durch die Hintertür als Ersatz für mangelnde politische Zivilcourage.

Die Aktionsgemeinschaft Soziale Marktwirtschaft fordert daher die deutsche Bundesregierung auf, bei der Deregulierung der Arbeitsmärkte voranzugehen, damit in der Währungsunion die Tarifvertragsparteien selbst auf Herausforderungen elastisch reagieren und nicht die Politiker zu einer Erhöhung der Finanzmittel gedrängt werden. Anderenfalls verliert die Tarifautonomie ihre Existenzberechtigung.

6. Der Bundeskanzler hat in einer Regierungserklärung Ende 1996 gesagt: „Wir brauchen den Euro jetzt und nicht irgendwann". Damit hat er der früheren Lesart der Bundesregierung „Stabilität geht vor Zeitplan" eine Absage erteilt. Gleichzeitig werden auch die mit dem Euro verbundenen Risiken bagatellisiert. Diese Risiken werden nicht von den Politikern getragen, sondern von der Bevölkerung – den Arbeitnehmern, den Rentnern und den Sparern. Unklare Regeln und übereiltes Handeln können den Europäischen Integrationsprozeß insgesamt massiv schädigen, weil sich die Regierungen entzweien. Da der Übergang zum Euro alle EU-Bürger unmittelbar und existentiell berührt, sind vollmundige Versprechungen in großformatigen Zeitungsanzeigen und unerfüllte Erwartungen besonders riskant. Der Euro kann zwar als „Steilpaß" in das Jahr 2000 führen, aber auch den Weg in ein europapolitisches „Abseits" bereiten.

Wenn die Bundesregierung konsequent eine stabilitätsorientierte Geldpolitik auf die Währungsunion übertragen und einen stabilen Euro schaffen will und nicht irgendeinen, dann bleibt für sie noch viel Sach- und Überzeugungsarbeit zu leisten. Die Aktionsgemeinschaft Soziale Marktwirtschaft fordert die Bundesregierung auf, sich für folgende Regelungen einzusetzen, die erst die vereinbarte Stabilitätsverpflichtung der Europäischen Zentralbank in politische Wirksamkeit umsetzen:

a. Festhalten am Geldmengenkonzept für die Europäische Zentralbank,
b. die Wechselkurskompetenz des Ministerrates (ECOFIN) darf nicht zu Lasten der stabilitätsorientierten Geldpolitik der Europäischen Zentralbank gehen,
c. Streichung der Möglichkeiten zur Aufhebung der Konvertibilität gegenüber Drittstaaten.

zu a. Inflation ist und bleibt ein monetäres Phänomen. Die Schweizerische Nationalbank und die Deutsche Bundesbank haben an ihrem Geldmengenkonzept festgehalten und so die Funktion eines Leuchtturms übernommen, der anderen Notenbanken den Weg in Richtung Geldwertstabilität gewiesen hat. An diesem erfolgreichen Konzept muß festgehalten werden.

Die Aktionsgemeinschaft Soziale Marktwirtschaft fordert die Bundesregierung auf, dafür zu sorgen, daß die Europäische Zen-

tralbank auf das bewährte Geldmengenkonzept der Deutschen Bundesbank verpflichtet wird. Dies ist kein Eingriff in die Rechte des Europäischen Währungsinstituts oder der Europäischen Zentralbank, sondern ein Votum für eine ordnungspolitische Grundsatzentscheidung.

zu b. Die Europäische Zentralbank kann – wie auch die nationalen Notenbanken bisher – einen geplanten stabilitätsorientierten Kurs nicht durchhalten, wenn sie zu stabilitätswidrigen Interventionen auf den Devisenmärkten verpflichtet werden kann. Der Maastricht-Vertrag hat in Artikel 109 Abs. 1 dem Rat der Wirtschafts- und Finanzminister (ECOFIN) die Kompetenz zur Änderung der Wechselkurse übertragen. Wenn eine Übertragung dieser Kompetenz auf die Europäische Zentralbank politisch nicht durchsetzbar ist, dann sollte das Initiativrecht der Europäischen Zentralbank gestärkt werden. Dies ist im Rahmen des Vertrages möglich. Die Kommission sollte auf ihr Initiativrecht (Art. 109 Abs. 1 Satz 2) verzichten; dann läge dieses ausschließlich bei der Europäischen Zentralbank. Darüber hinaus sollte der Europäischen Zentralbank die Möglichkeit eingeräumt werden – analog zum Emminger-Brief der Deutschen Bundesbank im Jahre 1978 –, beim ECOFIN-Rat einen Brief zu hinterlegen, der sie zur Einstellung von Interventionen ermächtigt, sollten diese ihren stabilitätspolitischen Kurs durchkreuzen. Der ECOFIN-Rat hätte den Brief zustimmend entgegen zu nehmen. Dieses Recht sollte für das EWS 2 zwischen den „Ins" and „Pre-Ins" ebenso gelten wie gegenüber Drittwährungen.
Die ASM fordert die Bundesregierung auf, dafür Sorge zu tragen, daß eine stabilitätsorientierte Geldpolitik nicht durch eine marktwidrige Wechselkurspolitik durchkreuzt wird.

zu c. Die EU hat gemäß Artikel 115 (Generalklausel) und gemäß Artikel 73c (Kapitalverkehr mit Drittländern) das Recht, die Freiheit des Kapitalverkehrs mit Drittstaaten einzuschränken. Die hierfür vorgebrachten Argumente beruhen darauf, daß bestimmte wirtschaftspolitische Entscheidungen der Mitgliedstaaten oder der Gemeinschaft durch gegenläufige Kapitalflüsse nicht durchkreuzt werden sollen. Insofern sollen politische Aktionen dem Sanktionsmechanismus der Märkte entzogen werden. Diese reagieren aber bloß auf politische Entscheidungen. Sind diese problemgerecht, so werden sie von den Kapitalanlegern durch Vertrauen honoriert; sind sie jedoch sach- und marktwidrig, so drücken die Kapitalanleger ihr Mißtrauen durch Abwanderung aus. Märkte und Zinsen wirken damit wie ein Fieberthermometer, das den politischen und wirtschaftlichen Gesundungs- oder Krankheitsprozeß anzeigt. Das Thermometer abzuschaffen, ist kein Beitrag zu einem volkswirtschaftlichen Gesundungsprozeß.

Die Aktionsgemeinschaft Soziale Marktwirtschaft fordert die Bundesregierung auf, im Sinne begrüßter Globalisierung für die Abschaffung der Möglichkeit einzutreten, Kapitalverkehrskontrollen einzuführen.

7. Bei der Währungsunion handelt es sich um ein Werk, das auf lange Dauer angelegt ist. Sie soll den Grundstein für ein vereinigtes Europa bilden. Hast ist ein schlechter Ratgeber. Die Bundesregierung muß ihr Wort einlösen und weitere Anstrengungen unternehmen, daß der Euro mindestens so stabil wie die DM wird.

Die Aktionsgemeinschaft Soziale Marktwirtschaft fordert die Bundesregierung auf, den Start der Währungsunion so lange aufzuschieben, wie ein fundamentaler Dissens über den zukünftigen Kurs und über die notwendigen Voraussetzungen einer stabilitätsorientierten Währungsunion besteht. Falls die Währungsunion 1999 beginnen soll, wird empfohlen, die Übergangszeit bis 2002 im Sinne des Urteils des Bundesverfassungsgerichts zu interpretieren: Bei mangelnder wirtschaftlicher und wirtschaftspolitischer Konvergenz wird die Basis neu gestaltet oder ein Ausscheiden gewählt.

Autorenverzeichnis

Professor Dr. Norbert Eickhof
Universität Potsdam
Lehrstuhl für Wirtschaftspolitik
August-Bebel-Str. 89
14482 Potsdam

Ministerialdirektor Manfred Harrer
Bundesministerium für Arbeit und
Sozialordnung
Jägerstr. 9, 10117 Berlin

Professor Dr. Rolf Hasse
Stellvertr. Vorsitzender der
Aktionsgemeinschaft Soziale
Marktwirtschaft e. V.
Universität der Bundeswehr
Institut für Wirtschaftspolitik
Holstenhofweg 85, 22039 Hamburg

Dr. Fritz-Heinz Himmelreich
Ehem. Hauptgeschäftsführer und
Mitglied des Präsidiums der
Bundesvereinigung der Deutschen
Arbeitgeberverbände
Sprecher des Vorstands der
Walter-Raymond-Stiftung
Gustav-Heinemann-Ufer 72
50968 Köln

Jan Kleinewefers
Ehem. Präsident des Verbands
Deutscher Maschinen- und
Anlagenbau e. V.
Geschäftsführender Gesellschafter
der Kleinewefers Beteiligungs-
GmbH
Postfach 1521, 47715 Krefeld

Professor Dr. Ernst-Moritz Lipp
Stellvertretendes Mitglied des
Vorstands der Dresdner Bank AG
Jürgen-Pronto-Platz 1
60301 Frankfurt am Main

Dr. Rudolf Mikus
Akad. Direktor, Universität Mainz
FASK Germersheim
76711 Germersheim

Dr. h. c. Tyll Necker
Ehem. Präsident des BDI
Geschäftsführer und Gesellschafter
der HAKO-Werke GmbH & Co
Hamburger Str. 209–239
23843 Bad Oldesloe

Dipl.-Ing. Ivan Pilip
Staatsminister der Tschechischen
Republik für Schulwesen, Jugend
und Sport
Karmelistka 7, 118 12 Praha 1
Tschechische Republik

Dr. h. c. Hermann Rappe, MdB
Ehrenvorsitzender der
Industriegewerkschaft
Chemie-Papier-Keramik
Röntgenstr. 27, 31157 Sarstedt

Dr. Peter-W. Schlüter
Leiter der Verwaltungsdirektion des
Europäischen Währungsinstituts
Postfach 10 20 31
60020 Frankfurt am Main

Klaus Schmitz
Leiter der Abteilung
Struktur- und Umweltpolitik
DGB-Bundesvorstand
Hans-Böckler-Str. 39
40476 Düsseldorf

Ministerialdirektor
Dr. Wilhelm Schönfelder
Leiter der Europaabteilung
Auswärtiges Amt
Adenauerallee 99–103
53113 Bonn

Professor Dr. Martin Seidel
Ministerialrat
Bundesministerium für Wirtschaft
Villemombler Str. 76, 53123 Bonn

Professor
Dr. Dr. h. c. Joachim Starbatty
Vorsitzender der Aktionsgemein-
schaft Soziale Marktwirtschaft e. V.
Universität Tübingen
Lehrstuhl für Wirtschaftspolitik
Mohlstr. 26, 72074 Tübingen

Dr. Werner Steuer
Geschäftsführer, Gemeinschaft
zum Schutz der Deutschen Sparer
Postfach 1626, 53006 Bonn

Professor Dr. Norman Stone
Bilkent University
06533 Bilkent, Ankara, Türkei

Professor Dr. Anton Szász
Ehem. Mitglied im Direktorium
De Nederlandsche Bank
Post Box 98, 1000 AB Amsterdam
Niederlande

Professor Dr. Christian Watrin
Institut für Wirtschaftspolitik
an der Universität zu Köln
Pohligstr. 1, 50969 Köln

Schriften zu Ordnungsfragen der Wirtschaft

Herausgegeben von Gernot Gutmann, Köln · Hannelore Hamel, Marburg
Klemens Pleyer, Köln · Alfred Schüller, Marburg · H. Jörg Thieme, Düsseldorf
Unter Mitwirkung von Dieter Cassel, Duisburg
Hans-Günther Krüsselberg, Marburg · Ulrich Wagner, Pforzheim

Soeben sind erschienen:

Bd. 52 Dimensionen des Wettbewerbs
Seine Rolle in der Entstehung und Ausgestaltung von Wirtschaftsordnungen

Herausgegeben von Karl von Delhaes und Ulrich Fehl
1997. X, 564 S. kt. DM 84,– (ISBN 3-8282-0033-8)

Obwohl Wettbewerbsvorgänge in der Marktsphäre weiterhin im Zentrum der Wettbewerbstheorie und -politik stehen, öffnet sich die Diskussion gegenwärtig zunehmend Fragen des Wettbewerbs in anderen Interaktionssphären. Dadurch werden zusätzliche Dimensionen des Wettbewerbs erschlossen. Beide Fragenkomplexe werden nicht zuletzt im Kontext der Systemtransformation aktuell. Damit sind die Felder benannt, mit denen sich der vorliegende Band befaßt:
- Neuere Entwicklungen der klassischen Wettbewerbstheorie und -politik,
- Wettbewerbsprozesse jenseits der Marktsphäre,
- Implementierung des Wettbewerbs in den Transformationsländern.

Bd. 54 Umweltschutz, nachhaltige Entwicklung und Freihandel
WTO und NAFTA im Vergleich

von Andreas Knorr, Bayreuth
1997. X, 180 S. kt. DM 49,– (ISBN 3-8282-0035-4)

Ökologen erblicken zwischen Freihandel und einer nachhaltigen Entwicklung vielfach einen unüberbrückbaren Gegensatz. Wirtschaftspolitisch schlägt sich diese Annahme vornehmlich in der Forderung nach einem ökologischen Umbau der Welthandelsordnung nieder, wobei dem Nordamerikanischen Freihandelsabkommen (NAFTA) oftmals eine Art Vorbildfunktion zugeschrieben wird. Die kritische ökonomische Würdigung dieser drei Thesen ist der Untersuchungsgegenstand des vorliegenden Bandes.

  *Verlagsgesellschaft*

ORDO
Jahrbuch für die Ordnung
von Wirtschaft und Gesellschaft

Begründet von Walter Eucken und Franz Böhm

Herausgegeben von Hans Otto Lenel - Helmut Gröner - Walter Hamm - Ernst Heuß
Erich Hoppmann - Ernst-Joachim Mestmäcker - Wernhard Möschel
Josef Molsberger - Alfred Schüller - Christian Watrin - Hans Willgerodt

Inhaltsverzeichnis ORDO Band 47/1996

H. H. Rupp, Bemerkungen zur Lage der Forschung an den deutschen Universitäten
A. Schüller, Das wirtschaftliche Zusammenwachsen in Deutschland: Eine ordnungspolitische Zwischenbilanz
J. Starbatty, Anmerkungen zur Interdependenz politischer und wirtschaftlicher Ordnungen im Transformationsprozeß
K. Sauernheimer, Außenhandel, Reallöhne und Beschäftigung
M. Streit/A. Mangels, Privatautonomes Recht und grenzüberschreitende Transaktionen
R. Klump, Wachstum und Wandel: Die "neue" Wachstumstheorie als Theorie wirtschaftlicher Entwicklung
G. Habermann, Der Liberalismus und die "Libertarians"
G. Radnitzky, Mehr Gerechtigkeit für die Freiheit
K. W. Zimmermann, Zur politischen Ökonomie von Ökosteuern
F. Söllner, Umweltabgaben und Umweltauflagen – ein Gegensatz auch in der Praxis?
A. Freytag/B. Jäger, Der künftige Ordnungsrahmen des deutschen Telekommunikationsmarktes
F. Finzel/P. Thuy, Privatisierung der Sparkassen – tagespolitische Modeerscheinung oder ordnungspolitische Notwendigkeit?
F. J. Scholz, Verbraucherinsolvenz und Restschuldbefreiung
T. Apolte, American Federalism and Emerging Federal Structures in Europe
T. Döring, Das Subsidiaritätsprinzip in der Europäischen Union
B. Duijn, Vertikale Vertriebsvereinbarungen und Integrationsförderung in der EG
I. Gurbaxani, Industriepolitik in den Vereinigten Staaten

XVIII/455 S. DM 118,— (ISBN 3-8282-0024-9)

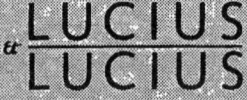  *Verlagsgesellschaft*

Bei Fragen zur Produktsicherheit wenden Sie sich bitte an:
If you have any questions regarding product safety,
please contact:

Walter de Gruyter GmbH
Genthiner Straße 13
10785 Berlin
productsafety@degruyterbrill.com